全臺第一最大歷史新媒體　故事StoryStudio◎著

故事餐酒館

混口飯——一場跨界的食物饗宴

沒有一次的複製，會是百分之百的完美。
每一次的烹調，都是一次創新的嘗試。

目次

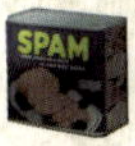

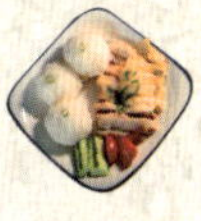

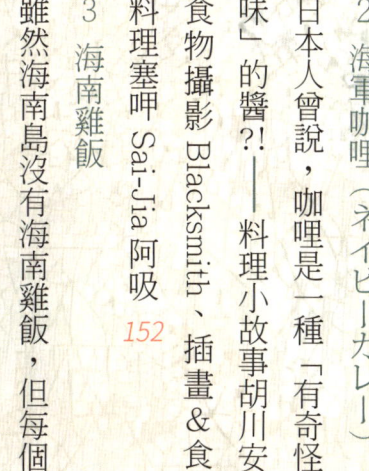

序言

"We are what we eat."

作家詹宏志曾經說過一個故事，他的岳母是杭州人，來到臺灣以後想要在陌生的環境裡復原家鄉的味道，所以嘗試以臺灣的食材復刻一道上海菜「馬蘭頭香干」。臺灣沒有馬蘭頭，最後他岳母找了茼蒿作為替代，因為這是最能夠接近馬蘭頭的味道，但畢竟已非原始菜色，姑且取名為「翡翠豆干」。

為了安頓身心，人類會書寫、歌唱、舞蹈或是冥想。唯有吃東西，這是一件最為原始生理、最為物質，卻又能夠透過身體的感官與飽足傳達最實在的安定感的人類行為。

世界從大航海時代邁入近現代以來，人類的移動開始變得頻繁，尤其是二十世紀以來，因為殖民、移民、戰爭、飢荒等因素導致的人類大規模遷移現象更達到高峰。當閩粵移民來到馬來半島，當愛爾蘭人與義大利人來到紐約，當山東人來到北大荒，當英國人來到了澳洲，當日本人來到了巴西，當北非人來到了法國，當外省人來到了臺灣；一旦他們踏上了陌生的土地，唯一能夠撫慰他身心的疲憊，與對未來的恐懼不安的，就只有復刻家鄉熟悉的味道。

每一種地方與民族的傳統料理，受到了當地的氣候、風土、作物、生產形式的機緣與限制，發展出了特有的飲食文化。然而隨著人類的大遷徙，人們必須嘗試在陌生的環境建構熟悉的味覺，不得不藉由新環境的物產、近便的食材來重建傳統料理。這一些偶然的實驗或嘗試，往往藉由混同與嫁接，意外地創造了新的料理形式，與全新的食物。

本次的故事飲食特企將與您分享一些我們可能很熟悉的食物的故事。它們當初的誕生，有些來自意外的嘗試、有些來自非不得已的將錯就錯、有些來自有樣學樣的照樣造句。儘管這些嘗試有些看似是對於傳統料理的惡搞與魔改，可以一秒惹怒千百年來遵循傳統作法的民族，卻反而成就了新一代的飲食經典，走出自己的一條路。而這些食物故事的背後，反映的是一個永恆的主題：人類世在進入「現代」之後，文化的混同將更為劇烈，但同時產生的副產品——全新的飲食文化也會更加多元有趣。

Chapter 1

一

早晚都要混口飯：跨界的食物學

1-1

早餐｜鬆餅

我們所熟知的美式鬆餅，甜蜜當中埋藏著哪些故事?

麥當勞的美式鬆餅，原來不是美國人的發明？一段歐洲家鄉味征服新大陸的歷史

作者／陳恬緣

「幸福美好的一天，從麥當勞早餐開始！」這句廣告臺詞不僅家喻戶曉，廣告中的美式早餐也早已成為臺灣人日常生活的一部分，自一九八六年臺灣麥當勞推出早餐開始，滿福堡、薯餅和美式鬆餅等經典商品的出現，徹底改變了臺灣人的早晨飲食習慣，香甜鬆軟的美式鬆餅更是臺灣人接觸美式飲食文化的重要代表。有趣的是，鬆餅雖然是美式文化的代表性美食，它的發源地卻不是

美國。那麼，我們所熟悉的美式鬆餅是從何處來，在移動和變化當中，它又與哪些人群、文化互動並譜寫故事呢？且聽這首甜蜜又哀愁的美式變奏曲。

第一段旅程：歐洲內陸的流轉演變

什麼是美式鬆餅（American pancake）呢？這個問題的答案看似顯而易見，但細思之下卻並不容易回答。這麼說好了，若是根據製作材料：麵粉、雞蛋、牛奶加糖，幾個今天我們熟悉的鬆餅成分搭配在一起，除了鬆餅之外，還可以做出法式可麗餅（crêpe）和華夫餅（waffle）。若是根據外型，一直要到十八世紀以後，我們記憶中圓圓一片、平坦且蓬鬆的美式鬆餅造型才第一次出現。因此，結合食材和外型，我們可以得出較細緻的定義：美式鬆餅是一種由澱粉麵糊組成，並在平底鍋或類似容器中烹制，蓬鬆而平底的圓餅狀食物。

在成為我們熟悉的美式鬆餅之前，由澱粉麵糊製成的餅狀食物，已經歷漫長時光的淘洗。根據考古紀錄，很有可能早在新石器時代，鬆餅就已經成為人類飲食的一環。透過考古檢測冰人奧茲（Ötzi）的胃袋，這位生活在西元三千多年前的人類，他最後的一頓晚餐，可能就是一種以單粒小麥製成的原始鬆餅。

儘管鬆餅這類飲食，出現在人類的文明之初，我們卻很難找到十五世紀以前的鬆餅食譜，甚至連 pancake 這個單字，也一直到中世紀晚期才出現。不過，就算鬆餅沒有進入中世紀的食譜書中，並不代表它消失在人們的生活中。這一段時間的沈潛，可以說是鬆餅在為它接下來遷徙的旅途積蓄能量。

十六至十七世紀，鬆餅食譜相對大量的出現在英國和荷蘭的紀錄中，那麼，要怎麼做出一份好吃的鬆餅呢？我們可以從以下的食譜一窺英式和荷式鬆餅的不同風味。

第一道英式鬆餅，由一六一五年出版的《英格蘭家庭主婦》（The English Housewife）呈上：

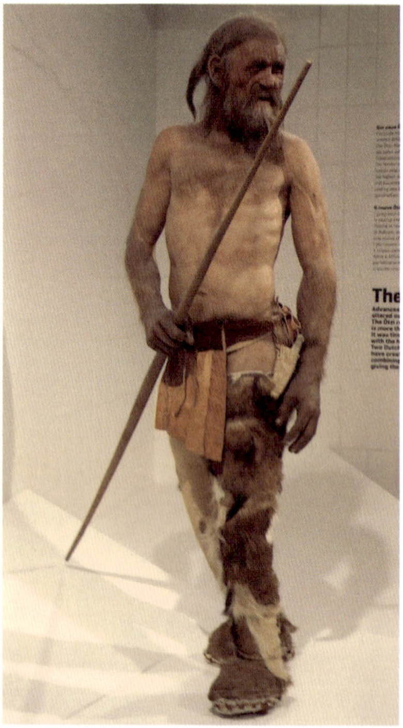

冰人奧茲的復原模型，這位三千多年前的牧羊人，是考古學家了解史前文化的重要線索。（Source：Claude Valette ／ CC BY-ND 2.0）

英式鬆餅

Pancake

1 取 2 到 3 顆雞蛋，把它們打入盤中，打勻。加入一定數量的活水，把它們攪拌在一起。

2 接著，放入丁香、豆蔻、肉桂和肉豆蔻，用鹽調味，混合上好的小麥粉。

3 再來，用黃油把麵糊煎得薄薄的，使其變成褐色，然後在上面撒上糖，就可以吃了。

有些人將鬆餅與牛奶或奶油混合在一起，但這樣會使鬆餅變硬、膩人，不像活水那樣鬆脆、可口美味。

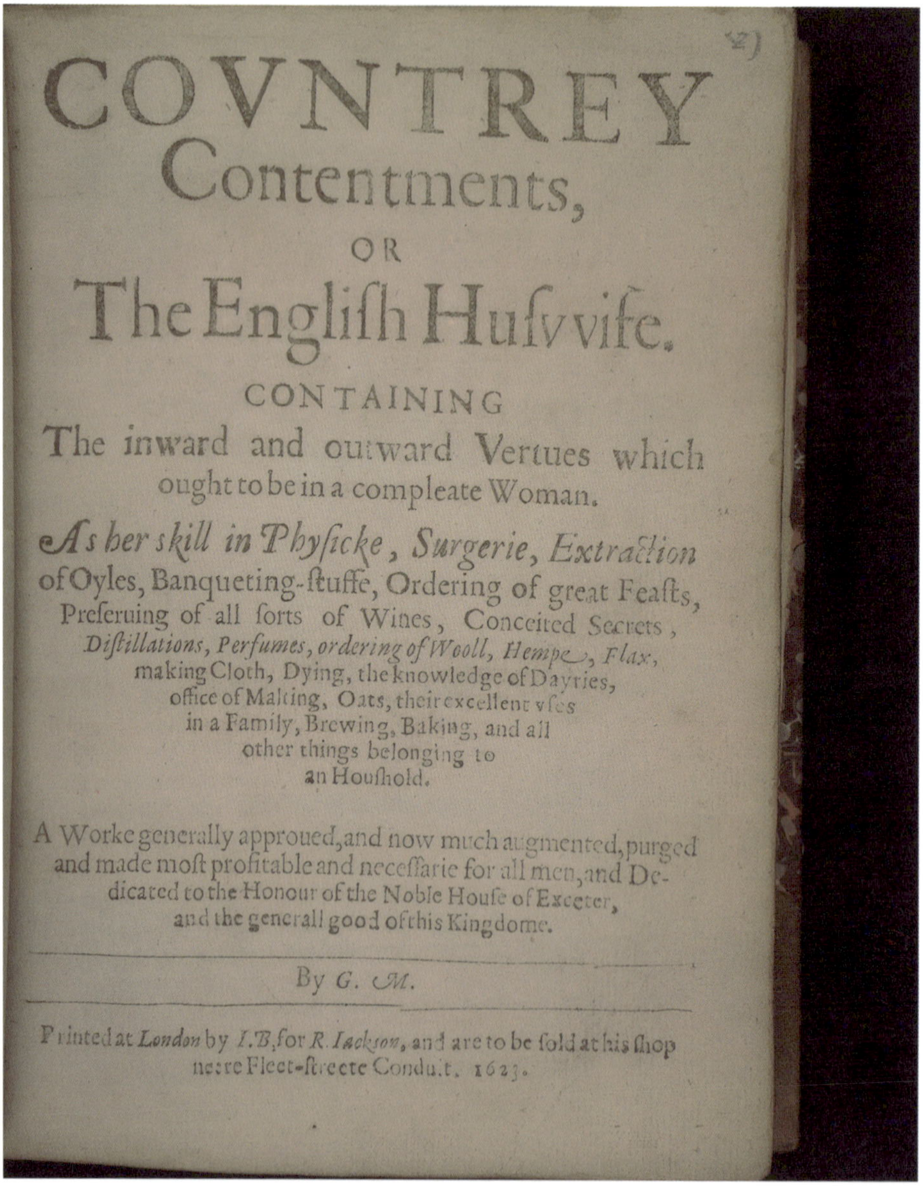
COVNTREY
Contentments,
OR
The English Husvvife.
CONTAINING
The inward and outward Vertues which ought to be in a compleate Woman.
As her skill in Physicke, Surgerie, Extraction of Oyles, Banqueting-stuffe, Ordering of great Feasts, Preseruing of all sorts of Wines, Conceited Secrets, *Distillations, Perfumes, ordering of Wooll, Hempe, Flax,* making Cloth, Dying, the knowledge of Dayries, office of Malting, Oats, their excellent vses in a Family, Brewing, Baking, and all other things belonging to an Houshold.
A Worke generally approued, and now much augmented, purged and made most profitable and necessarie for all men, and Dedicated to the Honour of the Noble House of Exceter, and the generall good of this Kingdome.
By G. M.
Printed at *London* by *I.B,* for *R. Iackson,* and are to be sold at his shop neere Fleet-streete Conduit. 1623.

《英格蘭家庭主婦》，一百多頁的手冊裡從煮飯、染絲到釀酒，各種家庭主婦的必備技能無所不包。
（Source：Wellcome Collection ／公有領域）

第二道荷式鬆餅，由一六六七年出版的《明智廚師》（De Verstandige Kock，英譯：The Sensible Cook）呈上。這本書裡提供三種鬆餅配方，其中兩種和英式鬆餅相似，要求活水一般的鬆脆口感。第三種則最接近現代鬆餅：

荷式鬆餅
Pancake
3顆雞蛋、
一磅小麥粉和
一品脫新鮮牛奶，
再佐上一點糖。

看似簡單的食譜，最後，超越英格蘭的版本被廣為流傳，並為荷蘭人贏得了現代鬆餅發明者的美名。值得一提的是，荷蘭人這個發明者的頭銜，究竟多大程度建立在英式鬆餅的基礎上，仍有待釐清。可以確定的是，英式和荷式鬆餅有相同的烹飪方法，卻因食材細微變調所產生的纏結，延續到了移民之路。

飄洋過海到美國的移民長征

鬆餅的烹飪方式簡易、食材容易取得，因此在十七世紀，跟著荷蘭和英格蘭移民的腳步進入美洲。隨著移民在北美十三州定居、扎根，來自家鄉的鬆餅做法，也因移動而發生變調，逐漸改寫、重譜傳統的歐式原曲。

一七九六年出版、最早的美國食譜《美式烹飪》（American Cookery），在刊頭強調這是一本「適應這個國家和各階層群體」的食譜。本書的作者阿梅利雅・西蒙斯（Amelia Simmons）遵守食譜宗旨，大量使用當時北美生產的食材來調和歐洲的烹飪方法。書中不僅提供了烹飪美洲作物玉米粉的數種食譜，這也是玉米粉第一次正式出現在英語食譜書當中。

在《美式烹飪》中，阿梅利雅也呈上一道因地制宜的改版鬆餅食譜，也就是後來我們熟悉的「美式鬆餅」始祖：

美式鬆餅

Pancake

1 將 1 夸脫牛奶、1 品脫印第安粉、4 個雞蛋、4 勺麵粉和少許鹽，一起打勻。

2 接著將打勻的麵糊放到擦過羊油、豬油或黃油的平底鍋中烤。

與前一個世紀的英式或荷式鬆餅不同，「印第安薄餅」裡使用印第安粉，取代麵粉做為主要原料。所謂的印第安粉，其實就是我們今天熟悉的玉米粉，在過去一直是美洲印第安人的主要作物與主食，因此，加入玉米粉的改良版鬆餅，在此時也被稱作「印第安薄餅」（Indian Slapjack）。

與印第安文化接觸，賦予了歐式鬆餅新的美洲風味。這首美式變奏曲並未止歇，隨著十九世紀大量移民進入美洲開墾，美式鬆餅成為美國工人階級重要的主食之一。不論是墾荒的農夫、伐木工、礦工還是牛仔，當他們離家工作，烹飪方式簡單且食材方便攜帶的鬆餅，就是他們填飽肚子，開啟一天辛勞工作的首選。值得一提的是，由於北美洲幅員遼闊，美式鬆餅在國內也產生了細緻的變異。比如鬆餅上的糖漿，在南方，習慣配上用十九世紀從非洲引進的甜高粱製成的糖漿；至於北方，則盛行從楓樹木質部汁液

想試試最傳統的美式風味嗎？
這裡有印地安薄餅！

萃取製成的糖漿。有一種說法認為，抽取楓樹汁液的方法，也是移民向印第安人學習而來的。

隨著歐洲、美洲和非洲移民相遇，美式鬆餅有了不同於歐洲的甜蜜滋味。然而，除了文化之間的學習和交融，不同文化接觸所帶來的暴力和血腥，同樣也滲入到美式鬆餅當中。

最後的變奏：美式鬆餅的甜蜜與哀愁

對於歐洲移民而言，美洲可能是一個追尋「美國夢」的美好「新大陸」。但是對於遭到武力脅迫，被強行販運到異地的非洲奴隸，以及被強制遷徙，走上數千公里「血淚之路」的印第安人，美式鬆餅究竟是何種滋味，可能複雜得難以言表。

在一八九三年紀念哥倫布發現「新大陸」

等待楓糖漿流出的時刻，是北美、加拿大人最獨特的飲食體驗。（Source：Abigail Batchelder ／ CC BY 2.0）

四百週年的芝加哥世界博覽會上，一場鬆餅的販售宣傳正在進行。前黑人女奴南希・格林（Nancy Green, 1834-1923）受聘於R・T・戴維斯磨坊公司，扮演「潔邁瑪阿姨」（Aunt Jemima）現場製作鬆餅，邊唱歌邊說著舊南方的古老傳說，藉此宣傳該公司的鬆餅粉和糖漿。南希・格林扮演的潔邁瑪阿姨大受歡迎，促使戴維斯公司和一九二五年買下該商標的桂格燕麥公司大力推廣潔邁瑪阿姨的品牌形象。一直到二〇二一年，一頭捲髮、笑容可掬的黑人大媽形象才因為公司希望破除種族刻板印象之故走入歷史。

在長達一百三十年的時間裡，潔邁瑪阿姨的鬆餅粉和鬆餅糖漿持續在美國消費市場佔據一席之地。它之所以長青，歸根究底和性別以

潔邁瑪阿姨爽朗的笑容，吸引許多人買下印著她面容的鬆餅粉與糖漿。但黑人阿姨的溫暖微笑，真的值得我們回味嗎？（Source：Ladies' Home Journal／公有領域）

及種族交織的刻板印象密不可分。

「潔邁瑪阿姨」的角色脫胎於南方種植園女黑奴的形象，她體態豐腴高挑，有一口巨大的白牙，笑聲爽朗，善於說故事和唱歌。穿著圍裙的潔邁瑪阿姨，隨時準備好用鬆餅填滿主人家的胃。呼應她名字中的「aunt」一字，在美國南方 aunt 是黑人保姆 mammy 的另稱，純樸、無私、奉獻和無名是她們共同的特質，卻也將這些保母的真實姓名和人生一一埋藏。

當第一任扮演者南希・格林在一九二三年因車禍意外過世後，接替她的是莉蓮・理查德（Lillian Richard, 1891-1956），而後還有安娜・羅賓森（Anna Robinson）、羅莎・華盛頓・里爾斯（Rosa Washington Riles）、安娜・肖特・哈靈頓（Anna Short Harrington）、

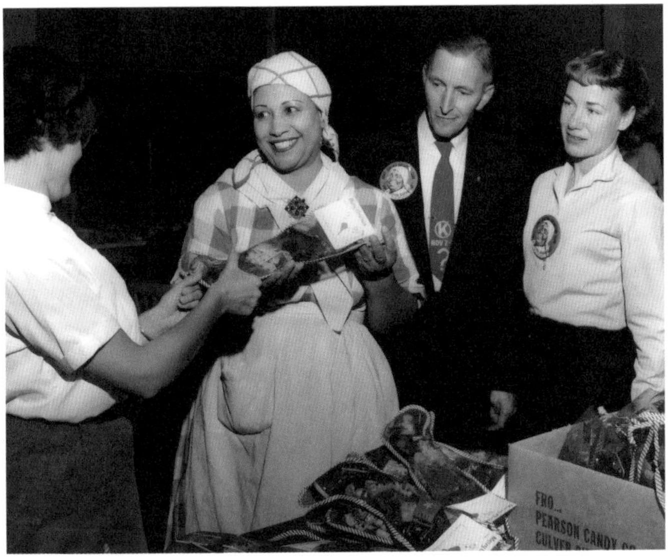

扮演潔邁瑪阿姨的伊迪絲·威爾遜。潔邁瑪阿姨如聖火般一代傳一代，傳承的究竟是家庭的溫暖，還是奴隸的記憶？（Source：T.P.Chittenden／公有領域）

伊迪絲・威爾遜（Edith Wilson）、艾瑟爾・歐內斯廷・哈珀（Ethel Ernestine Harper）、羅西・李・莫爾・霍爾（Rosie Lee Moore Hall）、愛琳・路易斯（Aylene Lewis），這些女性都是無名的潔邁瑪阿姨，一代接一代，將這個美式鬆餅品牌延續超過一個世紀。

這些黑人女性被剝除真名，扮演為了建立南方神話而創作出來的「潔邁瑪阿姨」。在這個喚起美好回憶的神話中，南方種植園是浪漫的烏托邦，奴隸和主人彼此和平共處。透過「潔邁瑪阿姨」快樂的奉獻，減輕美國人對可怖奴隸制的愧疚和恐懼，並撫平經歷南北戰爭的創傷，重新統一國家。

撫平傷痛或許是「潔邁瑪阿姨」的象徵意義，而鬆餅粉的產品本身，則是主打在實際生活中，減少處理食材的時間和工序，減輕母親的家務負擔。看似達到解放家務重擔的效果背後，卻因為潔邁瑪阿姨的女奴形象，使鬆餅粉再現奴隸制底下，黑人女奴為白人女性服務的過去。有研究者指出，潔邁瑪阿姨直到二十世紀仍持續受消費者青睞的原因之一，就是因為這個形象連結了過去南方種植園的等級記憶，而這正是消費者所懷念的。換句話說，購買潔邁瑪阿姨鬆餅粉，就是在買一個「盒子裡的奴隸」（注1）。

隨著種族正義運動，承載舊南方情懷的潔邁瑪阿姨已走入歷史。不過，這一首美式變奏曲仍是現在進行式。美式鬆餅隨著全球化浪潮，走入世界各地，而它與在地文化碰撞的故事，仍未完待續。

潔邁瑪阿姨排列於貨架上，等待消費者的選購。（Source：Mike Mozart ／ CC BY 2.0）

注1：曼林（M. M. Manring）的專書 Slave in A Box：The Strange Career of Aunt Jemima，稱「潔邁瑪阿姨」為「盒子裡的奴隸」。

Egg Benedict

1-2 早午餐——班尼迪克蛋

作者／吳宜蓉

早午餐經典中的跨國戀情：與荷蘭無關的荷蘭醬，如何與美式班尼迪克蛋相遇？

說到美式早午餐的經典王道，很難不提到「班尼迪克蛋」。嬌嫩欲滴的水波蛋，一刀切下去，溫熱的流心蛋黃緩緩流出，當濃稠蛋液沾上鬆軟多孔的瑪芬麵包與火腿，一口咬下，太黯然、太銷魂啦！

……欸不對啊，很明顯少了一味耶！

所以，我說那個醬汁呢？沒有完成的料理，根本沒有必要試吃不是嗎？

班尼迪克蛋就一定要淋上一層淡黃色的荷蘭醬啊，那帶點微酸滋味，嘗起來濃郁香滑的醬汁，是這道料理不可缺少的靈魂伴侶啊！

當蛋汁遇上醬汁，天雷才會勾動地火，舌尖上也能遇見真愛。

有趣的是，這是一場跨國的戀情：荷蘭醬是法式料理的五大醬汁之一，班尼迪克蛋則是起源於十九世紀末期的美國料理。

歐式醬汁與美式早午餐的相遇，是異國滋味的碰撞，卻撞出了溫潤豐郁的口感，這美好的邂逅究竟是怎麼相遇的呢？

其實與荷蘭八竿子打不著的「荷蘭醬」？

閃著金黃光澤的荷蘭醬，加上班尼迪克蛋可謂風靡全球的人氣早午餐（Source：Hilary Perkins ／ CC BY 2.0）

名中有荷蘭的荷蘭醬，如同太陽餅沒有太陽一樣。跟荷蘭的關係不大，主要起源與發展都在法國。

「醬汁」（sauce）單字起源於十四世紀左右的歐洲，來自古代法語單詞，意指使食物更加開胃的味道。由於古代冷藏技術相對落後，舉凡肉類、海鮮、或蔬菜都無法長期保鮮。所以醬汁便作為提高料理的外觀、氣味與口感檔次的核心元素，也增加人們進食的慾望。

而荷蘭醬是一種採用新鮮奶油、蛋黃、少量的醋或檸檬汁、鹽巴作為主要材料的醬汁。在小火慢熱下，藉由適當均勻的攪拌力道，讓奶油與蛋黃發揮靈魂交纏的乳化作用，最終你會完成一道明亮溫潤的醬汁，它輕盈如絲綢般質感，最適合搭配蛋類、海鮮、蔬菜類的料理了。

有一種說法是荷蘭醬初始確實是在荷蘭被開發出來，十六世紀宗教改革期間被胡格諾教派（注1）輾轉帶到了法國。不過此說的證據不多，我認為可以先擱置。

最早描述荷蘭醬的文字紀錄，出現在一六五一年的一本法國烹飪書籍，由為貴族服務的大廚瓦雷納（La Varenne）寫成的食譜 Le cuisinier François（注2），記錄當時法國料理的製作方式與食材，有些法國菜仍留有一些中世紀的特徵，來自美洲新大陸的食材也進入了菜單品項，甚至許多料理直到今天都還是我們經常食用的經典家常菜呢。

這本兼具史料價值與實用性的食譜，是怎麼描寫荷蘭醬呢？瓦雷納寫道：

荷蘭醬

Sauce Hollandaise

食用蘆筍時，
最好搭配上好的新鮮奶油、
少量醋、鹽，
以及一個蛋黃混合
所製成的醬汁。

不過，瓦雷納並沒有幫醬汁明確命名，只有提到這道菜叫做「芬芳醬汁中的蘆筍」，並加註簡短說明：「注意不要讓它（醬汁）凝固」。

接著讓我們往十九世紀前進，具有法國廚神和全世界第一明星主廚稱號的馬里-安托南・卡雷姆（Marie-Antoine Carême, 1784-1833），其參與撰寫、於一八三三年出版的《十九世紀法國烹飪藝術大全》（L'art de la cuisine française au dix-neuvième siècle)（注3），是第一部嘗試將法國料理理論化的烹飪巨著，裡頭收錄各式各樣的食譜，並詳實敘明標準做法。卡雷姆在其中一冊對數百種醬料進行了編目、描述與整理，定義出法式料理的四大醬汁：白醬、褐醬、蛋黃醬、貝夏梅醬。

淋上荷蘭醬的食材，美味與吸睛程度大增（Source：J. Ronald Le ／ CC BY 2.0）

——等等，荷蘭醬呢？

是的，卡雷姆並沒有將荷蘭醬列入法式料理四大醬汁之中，只提到一種相同作法的醬汁，稱之為伊斯尼醬（Sauce Isigny），他補充：

> **伊斯尼醬**
> *Sauce Isigny*
>
> 這種採用由諾曼地伊斯尼產區奶油所製成的醬汁，又可稱為荷蘭醬。

因此我們可以推斷，荷蘭醬應該早在一八三〇年代前就出現過這樣的稱呼了。

也有種說法是第一次世界大戰期間，由於戰事影響法國的奶油生產，不得不從荷蘭進口，所以才以荷蘭醬的稱呼來標示奶油的來源，但在卡雷姆的紀錄已經證實，此說是不符合歷史邏輯與時序。

躋身法式五大母醬，開啓荷蘭醬的環球之旅

那麼，荷蘭醬是何時開始被料理界所重視呢？

被德意志帝國皇帝威廉二世譽為「廚師界帝王」的法國名廚奧古斯都・愛斯可菲爾（Georges Auguste Escoffier, 1846-1935）在一九〇三年出版了《烹飪指南》（Le Guide culinaire），堪稱是法國料理界的聖經，直到今天還是所有廚師必讀的經典之一。他在書中抽換了卡雷姆定義的四大醬汁，使得荷蘭醬一舉躍升成為法國料理的五大母醬之一——五大母醬的地位因而崇高，是所有鑽研廚藝的人打好基本功的練習起點，亦是各種美味醬汁的源頭。

本只存在宮廷的法國料

「廚師界帝王」，法國名廚奧古斯都・愛斯可菲爾（Source：wikipedia／公有領域）

理，隨著十八世紀後期法國大革命帶來的破壞，宮廷廚師流落民間，專業的烹飪技術也進駐到大街小巷，加上工業革命來臨，鐵路交通與通訊技術不斷進步，貴族獨享的美味，如今平民也有機會品嘗，法國料理開始普及。加上法國大廚如卡雷姆、愛斯可菲爾熱愛著書，他們將法國料理進一步的做了科學化整理，在烹飪技術、食材比例、廚房的組織分工、餐桌布置擺盤、烹調程序步驟，都建立起系統化的說明。

透過這套知識體系，近代的法國料理逐漸樹立起烹飪的學術形象，不單是在歐洲本土獲得高貴優雅的料理信譽，隨後更風靡海外，美國、日本皆開辦了大量的法國料理廚藝學校，展現出對於法國料理的嚮往與學習熱忱。

也因此，出身於高雅法式料理系統荷蘭醬，從大西洋的此岸到彼岸，也即將為彼端新大陸的美食界，帶來嶄新的滋味。

相遇班尼迪克蛋：當高貴法式風情遇上時髦紐約客

讓我們隨著荷蘭醬飄洋過海，將鏡頭聚焦於另一位主角——班尼迪克蛋，究竟這道經典早午餐是怎麼出現的？為什麼荷蘭醬又會與班尼迪克蛋產生關聯呢？目前說法莫衷一是，唯一達成的共識是：班尼迪克蛋確定Made in USA，且誕生時間大約落在十九世紀末，並且一般認為是發跡於美國紐約，主要有兩種說法：

線索一：是來自吃膩所有菜色的班尼迪克太太？

位於紐約曼哈頓金融區比佛街（注4）56號的Delmonico's餐廳，是一八二七年由來自義大利的移民喬瓦尼、皮特羅兄弟（Giovanni and Pietro Delmonico）創立的餐廳。原本只是一家小咖啡館，在搬到現址後開始主打精品料理，也被認為是美國第一家高級餐廳。他們曾在菜單自豪寫上：班尼迪克蛋是在自家爐子

至今仍屹立在美國紐約的 Delmonico's 高級餐廳（Source：Epicgenius／CC BY-SA 4.0）

上被創造出來的（注5）。

據說一八六〇年代，有位常客班尼迪克夫人（Mrs. LeGrand Benedict），因為店裡的菜單都吃過一輪了，有點膩，所以她向餐廳主廚查爾斯·蘭霍弗（Charles Ranhofer, 1836-1899）反饋，希望能開發新菜色，蘭霍弗靈機一動之下，便發明出了這道獻給班尼迪克夫人、也從此風靡全球的早午餐料理。

不只是小道消息，這個說法還有留下的食譜為證！蘭霍弗在一八九四年出版了一本名叫《伊壁鳩魯派》（The Epicurean）（注6）的烹飪書，上面詳細記錄了一八六二年至一八九四年 Delmonico's 提供的餐點。其中一道菜名為「Eggs a' la Benedick」（注7），製作方式為：

將一些瑪芬麵包橫切成兩半，烤一下，注意別讓它們焦了！然後在一半的瑪芬麵包上放一片八分之一英寸厚，與麵包直徑相同的火腿，再放入烤箱中用適當的溫度加熱。最後在每個烤瑪芬上放一個水煮蛋，並在麵包上塗上荷蘭醬。

線索二：或是班尼迪克先生宿醉整晚的靈感？

《紐約客》雜誌「小鎮談天」（Talk of the Town）專欄，一九四二年曾訪問到退休的華爾街股市交易員雷謬爾・班尼迪克（Lemuel C. Benedict），他提到一八九四年的某天，他走進華爾道夫酒店（Waldorf Astoria New York），希望能找到治癒隔夜宿醉的方法。班尼迪克先生說他點了：

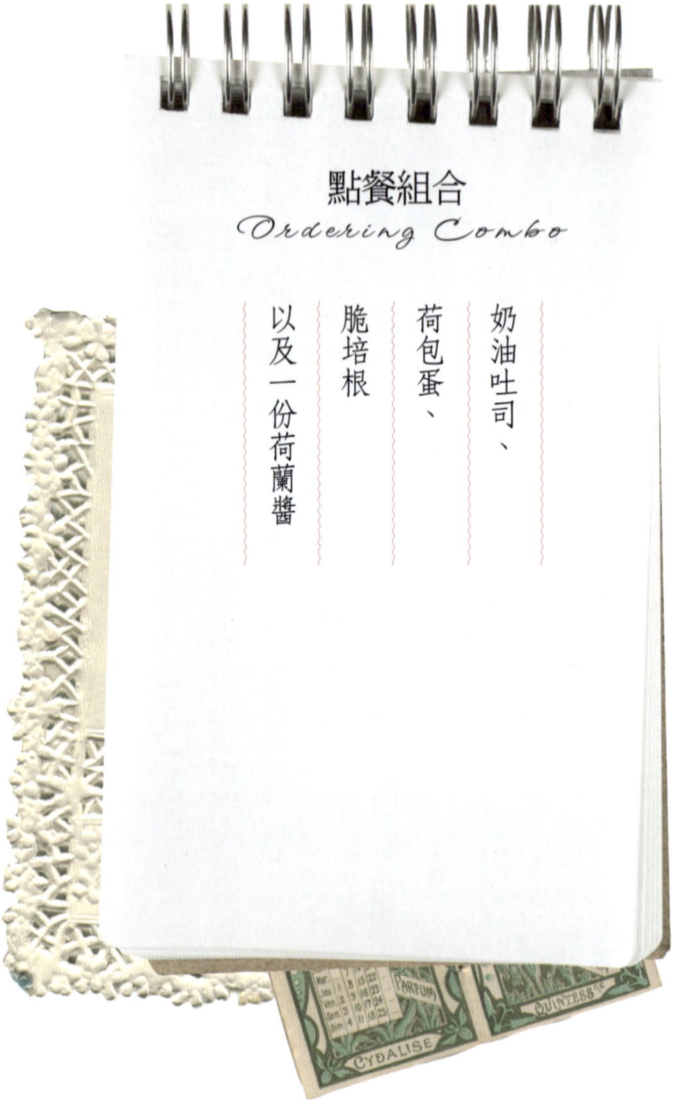
點餐組合
Ordering Combo
奶油吐司、
荷包蛋、
脆培根
以及一份荷蘭醬

據說當時的酒店領班奧斯卡．卻基（Oscar Tschirky）對於這樣的點餐組合感到印象深刻，也認為值得推廣，隨後他便把培根換成火腿、以瑪芬麵包取代吐司，將這樣的嶄新新組合放到華爾道夫酒店的正式菜單上。

班尼迪克蛋進化史——貴族攜手平民成就的絕妙搭配

不論是獻給班尼迪克太太的新菜色，還是為了拯救宿醉頭痛的班尼迪克先生。班尼迪克蛋這道料理在紐約推出後便大受歡迎！一九二〇年代的紐約報紙就有提到：班尼迪克蛋是一道小菜但卻有著巨大的需求，紐約幾乎所有餐廳，都有供應班尼迪克蛋。

鬆軟可口的麵包、溫熱的水波蛋及鹹味的火腿，其實都是稀鬆平常的早餐搭配。但當最後畫龍點睛與濃稠的荷蘭醬一淋上去，出身自法式料理的高級口感，加了檸檬汁

據傳從宿醉的客人得到啟發、一手推出班尼迪克蛋料理的華爾道夫酒店領班奧斯卡 · 卻基（Source：wikipedia ／公有領域）

的鮮活酸味，與鹹中帶甜的奶油及蛋黃融合在一起——或許，不只刺激了班尼迪克太太厭膩所有菜色的食欲，也啟動了班尼迪克先生因宿醉而昏沉的大腦。

哎呀，彷彿看到了好幾條龍在天上飛！聽到了我體內血液奔騰的聲音，那既優雅且酸甜的濃郁滋味，真可謂是極品啊，這才是能給人們帶來幸福的頂級早午餐啊！

如同所有的經典菜色，班尼迪克蛋至今發展了一百多年，也開始有各式各樣的菜色變化。比如，煙燻鮭魚、培根常常用來取代火腿；想要吃素食版本的，可以用番茄、菠菜來替代火腿；或是希望享受奢華，可以再加入一片薄薄的松露。某家知名的紐約早午餐連鎖店，甚至還在國際班尼迪克蛋節時

只要是你能想像的到的食材，萬物皆可入班尼迪克蛋！（Source：Ruyan Ayten on Unsplash）

（每年的4月16日），於臺灣分店推出了臺式三杯雞、韓式泡菜和日式蒲燒鰻這三款亞洲版限定口味！

然而不管是什麼口味，你懂的，只要加上那一味荷蘭醬，一切就都對了！

注1：十六世紀活躍於法國地區的喀爾文教派分支。

注2：英文版：La Varenne's Cookery：The French Cook; The French Pastry Chef; The French Confectioner

注3：數位資源：https://reurl.cc/oQvMM5

注4：Beaver Street

注5："The Eggs Benedict were created at stove"

注6：Google Books：https://reurl.cc/GEaRXp

注7：原文就是如此拼寫。

Hawaiian Pizza

1-3

午餐

夏威夷披薩

一秒惹怒義大利人的夏威夷披薩，其實來自一位不會做菜的德國演員

作者／神奇海獅

閉上眼睛、想像一下，你眼前有塊剛出爐的夏威夷披薩。

不是那種連鎖店批量製作、而是真正用炭火烘烤的薄片披薩。當你輕輕咬下，下層的麵皮酥脆又富有嚼勁，舌尖先是嚐到了火腿的鹹味，而就在即將過膩的那一瞬間，上面的鳳梨便適時來到、為口中帶來一絲酸甜。接著，這衝突的兩種味道、通通都被包覆在濃郁的莫扎瑞拉起司裡，在焦香、牽絲的起司中融為一體……呃啊啊啊啊！

午飯沒吃還得想像這畫面真的超級痛苦。如果搜尋網路資料，你可以很快就查找到，這天賜（也有可能是天譴）的夏威夷披薩是一位名叫 Sam Panopoulos 的希臘裔加拿大人所創造出來的食物。這位仁兄原本出生在希臘，當他 20 歲移民至加拿大時，途中經過了義大利，初次嚐到了披薩這項美食。到了加拿大後，他和朋友一同開了間餐廳，仿照了中式料理的糖醋口味，將鳳梨加在披薩上，夏威夷披薩就這樣誕生了。

雖然 Sam Panopoulos 創造出了「萬惡」的夏威夷披薩，但如今很多義大利人卻沒有把矛頭指向加拿大，而是說：「這一切都是德國人的錯啦！」

事實上他們說的也沒錯，因為早在夏威夷披薩出現之前，一位名叫克萊門斯・威爾曼羅德（Clemens Wilmenrod）的西德電視主廚就已經發明了「鳳梨加火腿」的奇妙組合。而這種口味基本上可以放在任何地方，就如德國主廚最早放的吐司麵包上、或是學加拿大人放在披薩上，更令人髮指的是今年 BBC 創造出來的：夏威夷義大利麵！

究竟這個酸酸甜甜的「夏威夷」口味背後，代表著怎樣一段生活困頓、民族融合，又寄予無限嚮往的故事呢？

享受戰爭吧！和平更可怕

事實上，發明夏威夷口味的威爾曼羅德根本不是廚師，他在以「主廚」頭銜聞名全德國之前，其實是一名演員，而他唯一煮過的東西居然只有——雞蛋！

一九〇六年，本名叫做卡爾・哈恩（Carl Clemens Hahn）的威爾曼羅德出生在德國西部一個名不見經傳的小鎮，這裡有著綠蔭蔥蔥的山丘與傳說中能治病的山泉，還有一個小小年紀就懷抱著表演夢的男孩。為了一圓自己的夢想，威爾曼羅德先是離開了家鄉、前往150公里外的大城市杜塞道夫歷練，後來又前去東邊的德勒斯登和北邊的漢堡，但都沒有什麼太突出的成果。而在一九四五年、也就是他三十九歲時，他終於迎來了人生中第一個轉捩點——被德國國防軍徵召上了前線。

不過幸運的是，在威爾曼羅德從軍一百多天後，德國就投降了。

雖然和平的到來是一件好事，然而投降之後大約三到五年的「戰後期」（Nachkriegszeit）對當時的德國人來說，卻是一段飢餓、痛苦又屈辱的記憶——在戰爭期間，盟軍對全德國進行了大量轟炸，德國所有大城市的建築都遭受到50～70％不等的破壞，一位紐約時報的記者寫下：「數以百萬人……簡直像活在中世紀。」

然而，隨著戰爭結束，德國人的處境卻絲毫沒有好轉。戰勝的國家們並不同情德國人，當蘇聯軍隊攻進柏林後，驚訝地發現德國人的生活簡直比蘇聯人好得太多了！一位中尉在寫給家裡的信中說道：「……你如果看到肯定會吃驚的。椅子、沙發、衣櫃……他們生活得那麼好，為什麼還不知足？」

另外一位蘇聯士兵也寫道：「……每一間公寓都極為舒適。即使在身處戰火中心區

布蘭登堡門矗立於已成廢墟的柏林市內（Source：Bundesarchiv, B 145 Bild-P054320 Weinrother, Carl ／ CC-BY-SA 3.0)

的食品庫裡，都能找到燻肉、果乾、果醬……我們越深入德國，就越為我們所看見的感到噁心……我於是用拳頭，把那些排列整齊的罐頭瓶子通通打得粉碎！」不久後，紅軍（注1）軍官就下令：「現在不是說什麼法律和真理的時候。德國人首先跨越了善與惡的界限，就讓他們百倍奉還吧！」

於是，蘇聯開始了瘋狂的掠奪行動。無數的「賠償部隊」來到德國，把東德所有能拆的工業設施與建設全都拆掉。一位美軍軍官親眼看見了蘇軍的瘋狂行動：「當我們到達時，他們……在屠宰場拆除製冷裝置、卸下餐廳裡的爐灶和管線……將地鐵拆得七零八落、柏林到波茨坦的鐵軌也無法倖免。幾個月後，蘇聯甚至還從萊比錫動物園拿走了大量動物。」

但最慘的不只是物質的損失。在那個黑暗年代裡，被強暴到懷孕或得到性病，是蘇聯佔領區許多德國女性的共同命運。沒人知道到底有多少德國婦女被蘇軍強奸，在這邊只舉幾個例子：「有個女人和她女兒，被連續強暴了19次」、「只要婦女一反抗，就會遭到血腥的圍毆，常常打到無法辨識（原本的臉孔）」。

來自遠方：解放與自由的味道

蘇佔區的情況如此黑暗，然而在英美佔領區，德國人也並未被善待。早在戰勝之前，羅斯福總統的財政部長摩根索（Henry Morgenthau, Jr）就提出了恐怖的「摩根索計畫」——表明盟軍計劃在佔領德國之後，將把德國分隔為幾個小區域割讓給其他國家，並且要讓德國徹底喪失工業與武器製造能力、變成一個無力向鄰國發動攻擊的農業國家。

在戰勝前夕，美國政府發給駐德美軍指揮官的 1067 號指令這樣說：「要讓德國人明白，是德國發動的殘酷戰爭與狂熱抵抗摧毀了德國經濟……對於難以避免的混亂與痛苦，德國人難辭其咎。……德國被佔領的目的不在解放它，而是將它視為一個被擊敗的敵國……在美軍佔領區內，任何提高生活水平的經濟措施皆不允許……」

不過，摩根索計畫馬上就遭到其他

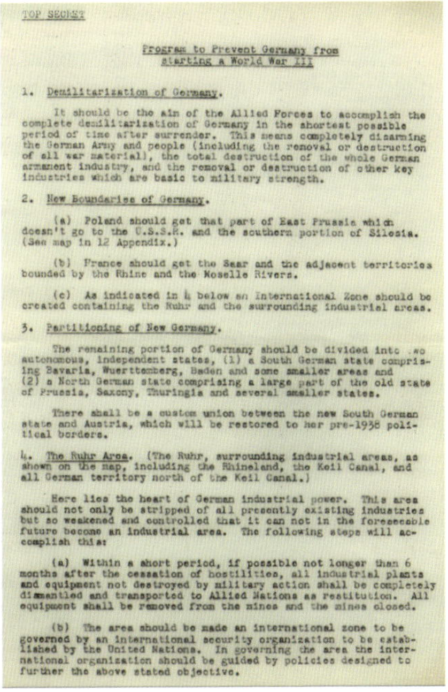

TOP SECRET

Program to Prevent Germany from starting a World War III

1. Demilitarization of Germany.

It should be the aim of the Allied Forces to accomplish the complete demilitarization of Germany in the shortest possible period of time after surrender. This means completely disarming the German Army and people (including the removal or destruction of all war material), the total destruction of the whole German armament industry, and the removal or destruction of other key industries which are basic to military strength.

2. New Boundaries of Germany.

(a) Poland should get that part of East Prussia which doesn't go to the U.S.S.R. and the southern portion of Silesia. (See map in 12 Appendix.)

(b) France should get the Saar and the adjacent territories bounded by the Rhine and the Moselle Rivers.

(c) As indicated in 4 below an International Zone should be created containing the Ruhr and the surrounding industrial areas.

3. Partitioning of New Germany.

The remaining portion of Germany should be divided into two autonomous, independent states, (1) a South German state comprising Bavaria, Wuerttemberg, Baden and some smaller areas and (2) a North German state comprising a large part of the old state of Prussia, Saxony, Thuringia and several smaller states.

There shall be a custom union between the new South German state and Austria, which will be restored to her pre-1938 political borders.

4. The Ruhr Area. (The Ruhr, surrounding industrial areas, as shown on the map, including the Rhineland, the Keil Canal, and all German territory north of the Keil Canal.)

Here lies the heart of German industrial power. This area should not only be stripped of all presently existing industries but so weakened and controlled that it can not in the foreseeable future become an industrial area. The following steps will accomplish this:

(a) Within a short period, if possible not longer than 6 months after the cessation of hostilities, all industrial plants and equipment not destroyed by military action shall be completely dismantled and transported to Allied Nations as restitution. All equipment shall be removed from the mines and the mines closed.

(b) The area should be made an international zone to be governed by an international security organization to be established by the United Nations. In governing the area the international organization should be guided by policies designed to further the above stated objective.

「摩根索計畫」概述文檔（Source：wikipedia ／公有領域）

官員大力反駁。戰爭部長史汀森（Henry L. Stimson）說：「就像一個地區的繁榮會促進其他地區的繁榮一樣……一個地區的貧困也會導致周遭地區的貧困。」同時英國也表示，懲罰性的和平將是一場災難。「除非我們竭盡所能給予幫助，否則到下個冬天，我們就會失去贏來的一切……絕望的人們會非常樂於摧毀社會結構……如果我們任由德國人和歐洲人飢寒交迫，我們將會失去世界和平所仰賴的秩序的根基！」

兩派人馬爭執不休，遲遲無法作出決定，最終還是蘇聯的舉動讓美國總統杜魯門下定決心馳援歐洲。

二戰結束隔年，歐洲遭遇了有史以來最嚴寒的冬天，不只德國、整個歐洲都在生死線上徘徊。同時美國發現，蘇聯領導人史達林正在東南歐地區擴大軍備，而遭受經濟重創的希臘與土耳其正岌岌可危。報告指出，蘇聯準備在希臘扶持一個「友善」的政府，同時也希望掌控土耳其，進而控制東地中海的港口。從那時起，杜魯門得出一個結論：美國應該支持並援助「所有受到蘇聯武力威脅的民主國家」。

因此在一九四七年，杜魯門在國會做出了美國有史以來，最重大的外交政策轉變：從這年起，以復興歐洲經濟為主要目的的「馬歇爾計畫」正式開始。美國先是動用4億美元援助希臘與土耳其，接著又幫助英、法、荷三國將工業生產恢復至戰前水平，

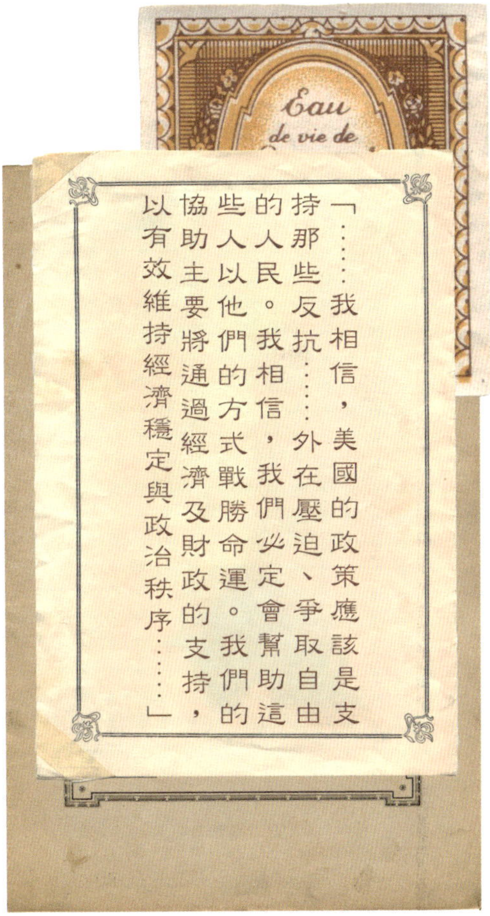

「……我相信，美國的政策應該是支持那些反抗……外在壓迫、爭取自由的人民。我相信，我們必定會幫助這些人以他們的方式戰勝命運。我們的協助主要將通過經濟及財政的支持，以有效維持經濟穩定與政治秩序……」

連帶義大利與比利時的經濟也快速復甦。與此同時，西德強大的工業潛力開始被美國重視，雖然德國是歐洲二戰的罪魁禍首，但西德作為歐洲工業的領頭羊，不可能在略過西德工業的前提下復興歐洲經濟。兩相權衡下，美國很快做出了決定：通過馬歇爾計畫，向西德提供14.5億美元，以促進西德經濟復興！

在獲得美國支持後，西德經濟快速回溫。而在這段戰後時期裡進來的不只是美元，美國的物資與食物也隨著駐軍或是美援前往世界各地，其中一項特殊的東西，就是來自夏威夷的——鳳梨罐頭。

我們的主角威爾曼羅德當時就在美軍駐地重鎮之一的威斯巴登，他很可能就是在那裡品嚐到了鳳梨。雖然對現在的我們來說鳳梨罐頭似乎有點過於甜膩，但對當時的德國人來說，那不止是夏天的味道，簡直是在一個鐵罐裡，嚐到自由與繁榮。

多虧了這個酷東西，主廚不會煮菜也可以混很好

事實上在那段期間裡不只是德國，世界各地都因為盟軍的物資，創造出一些特別的「跨國」食物。包括南韓的部隊鍋、德國的咖哩香腸（Currywurst）、義大利的培根蛋義大利麵（Carbonara），還有因為美軍麵粉

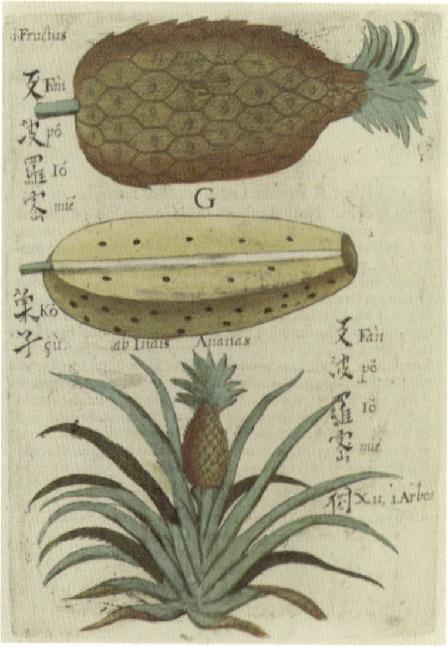

波蘭籍天主教耶穌會來華傳教士卜彌格十七世紀著作《Flora Sinensis》（譯：中國植物志）畫筆下的「反（番）波羅密菓子」（Source：Wikimedia ／公有領域）

鳳梨（學名：Ananas comosus），俗名旺來，是原產於南美洲的熱帶水果，因多汁酸甜受到喜愛，有解暑之效，是鳳梨科中最具經濟價值的種類。

而在臺灣普及的牛肉麵，都在此時誕生。

隨著美國的物資與錢錢（主要是錢錢）支援，西德很快開始了史無前例的經濟復甦，從戰爭結束到一九六〇年代前半，德國的年均 GDP 高達近8％。有名的戰後三神器——洗衣機、汽車、電視機也開始走進西德人的家中。

但這時出現了一個尷尬的問題，那就是：當時的電視節目真的有夠無聊的啊～（現在也差不多啦）

在一九五〇年代的某日，威爾曼羅德和他的妻子來到了漢堡，準備在新成立的西北德國廣播公司（NWDR）找一份工作。就在等待面試的途中，百無聊賴的威爾曼羅德看起了整個房間裡唯一會動的東西——電視螢幕。螢幕裡，一名柏林的科學家正在擺弄一條毒蛇，將毒蛇的嘴巴張開，接著從毒蛇的牙中取出晶瑩剔透的毒液。突然間，威爾曼羅德的腦海中閃過一個絕佳的靈感，他馬上對自己的妻子說：「欸欸，妳想像一下，如果電視裡的這個人不是在弄毒蛇，而是在示範如何煮出一條煎蛋捲，是不是有搞頭？」

無意間，威爾曼羅德將傳統的食譜教學加上新穎的電視科技，碰撞出了全新的娛樂選擇。一九五三年，西德首檔電視做菜節目正式開播，而威爾曼羅德也成為西德首位電視主廚。然而，威爾曼羅德本人有一個最難克服的關卡：就是他根本不會做菜。

（據說在上節目前，他唯一做過的料理，就是水煮蛋。）

不過沒問題！身為一位電視主廚，怎麼可能會因為不會做菜這種小事就打退堂鼓呢？演員出身的威爾曼羅德有一項特殊技能：說得一口好菜！

一九五〇年代為威爾曼羅德提供了最好的舞台——在經歷那麼漫長的戰爭後，德國人早就厭倦了苦難、匱乏和無聊，亟欲想要從各種色彩繽紛又富有異國情調的食品，找尋新鮮感。威爾曼羅德滿足了戰後人們的想望，他以「十分鐘上菜」為招牌，只使用各種罐頭或現成食品，用最簡單的方式將這些食材組裝後送進烤箱，搭配聲情並茂的敘述，讓德國人品嚐了一個嶄新且多采多姿的世界。

說出一口好菜，讓德國人頂禮膜拜

「吐司夏威夷」（Toast Hawaii）就是威爾曼羅德在節目上的發明。你可以發現這道料理的食材全都是來自現成的食品：吐司麵包、火腿、罐裝鳳梨與起士，烤一下後再加上顆櫻桃就行了。

鳳梨充足的水分，緩緩浸潤進烤得焦黃的吐司裡，火腿的鹹味適時地中和甜膩的滋味，微融的起士則將一切完美融合。一入口會覺得這是道口感酸甜的正餐，但越吃越像加了火腿的甜點（怪怪的）。

不過光是鳳梨這種在德國相當少見的食材，就足以讓這道料理聽起來充滿異國情調。威爾曼羅德透過生動的描述，硬是讓電視機前的觀眾彷彿看到夏威夷的椰子樹、聽見草裙舞的沙沙聲，接著在嘴巴裡感受到鳳梨的酸甜、還有微微刮嘴的口感。

另外，威爾曼羅德還在節目上介紹了一道叫做「阿拉伯騎士肉排」的玩意，更能讓人體會到他的說菜功力。根據他的說法，這是他在黎巴嫩的某個河岸邊得到的食譜：

作者本人依照威爾曼羅德的「食譜」製作的夏威夷吐司，一咬下去後：噢，真的不錯！

「……夜幕緩緩降臨，商隊休息了，馬和駱駝都閒散地待在旁邊。帶著涼意的微風、緩緩地為坐在火爐邊的人們帶來一絲清涼，遠方的鬣狗咯咯地笑了起來。這時火在熊熊燃燒，平底鍋在嘶嘶作響。當地的沙漠嚮導正在準備當天的晚餐，我仔細地記下他的每一個動作——

阿拉伯騎士肉排

Arabian Knight Patty

1 先是將250克牛絞肉放進一個碗中，在絞肉中間挖了一個洞、打進一個生雞蛋，

2 接下來分別放進切碎的洋蔥、小黃瓜與大蒜，再用鹽、胡椒粉、辣椒粉、番茄醬和兩匙優格調味。

3 之後將絞肉排放進鍋中輕煎……

我問他：『這是什麼料理？』

當地人開懷的笑了：『先生啊，如果這東西不致辱沒您崇高的味蕾……這叫「阿拉伯騎士肉排」。』

這就是威爾曼羅德在節目上訴說「阿拉伯騎士肉排」的由來，在他後來出版的食譜裡，這道料理的篇名就叫「在亞伯拉罕（一位基督教的先知）的懷抱中」。

成千上萬的德國人都為之瘋狂！人們完全沒機會用理智來思考，只要有人冷靜一點點，就會開始疑惑：為什麼阿拉伯世界的菜譜裡會有蕃茄醬？

從威爾曼羅德的口中，你彷彿就是那位不遠萬里的德國人，在完全陌生的異域裡品嘗到了最不可思議的美味。

這檔美食節目吸引了大約300萬忠實觀眾，無數的德國家庭主婦把威爾曼羅德的話當成聖經。當他說：聖誕節別吃鵝了、來吃火雞吧！接著整個西德都開始颳起聖誕節吃火雞的熱潮。當他說：今天我要來做一道鱒魚料理！整個西德一瞬間又到處都在搶購鱒魚。而他的帶貨力更是不容小覷，有次他在節目上推廣了一款快速切菜機，轉眼間，整個西德竟然賣出整整150萬台！

謊言被揭穿：跌下神壇的廚師

不過威爾曼羅德的好日子沒過幾年，一九五九年漢堡的《明鏡週刊》（Der Spiegel）就用一篇報導，讓威爾曼羅德走下神壇。

根據《明鏡週刊》爆料，這個威爾曼羅德自稱對美食「有種特殊的第六感」。他把自己的這項能力歸因於自己出生的偏僻小鎮，在大自然環抱的環境裡，使他的五感都變得非常敏銳。在他很小的時候，他就能感知到太陽、月亮和星星，以及辨認各種動物與人——就是這種「與生俱來、只想品嚐最好東西」的天賦，促使他研究美食的製作藝術。

但這名電視廚師根本不是廚師，而是演員。

《明鏡週刊》說，當一九五三年這檔美食節目第一次開播時，節目主管艾斯伯格（Ruprecht Essberger）相當要求食物的品質，但當他看到威爾曼羅德切洋蔥和捲心菜時，突然一陣反胃，很快便把這檔節目交給自己的同事，退出節目製作組。

除了煮菜技術令人堪憂，威爾曼羅德也時常鬧出各種公關危機。比如說在製作「阿拉伯騎士肉排」時，他還特別向觀眾介紹了他得知這道食譜的國家黎巴嫩。這本來是一件好事，但他是這樣說的：「黎巴嫩是中東的一個小國……那裡的流氓數量，比整個北半球加起來都還多！」一瞬間，整個德國的阿拉伯裔全都爆炸了，紛紛寫信給漢堡的廣播公司，對威爾曼羅德發出強烈抗議。

週刊更加碼爆料，有時他在節目上推廣的食物，其實都是和廠商的利益交換。比如，他之所以會推薦大家吃火雞，就是因為受到了家禽廠商的要求。他也會對這些廠商收取巨大的廣告費用，一項商品出現在他節目裡，就得給他3千馬克的露出費用——而當時要在整個電視台放一個廣告，費用也才2千馬克。

不過以現在的角度來看，這些指控其實都不至於讓威爾曼羅德聲敗名裂，真正讓他跌落神壇的原因，是週刊揭發了他最嚴重的問題——剽竊。他宣稱，他的廚房就是自己的實驗室，他每天就是在這裡創造出各式各樣的料理，也因此出了三本食譜。但後來證

實，這些食譜裡的絕大多數料理，其實都是抄襲自其他廚師的食譜書。

這篇文章重創了威爾曼羅德的名聲，連帶影響到他的美食節目，雖然節目還是繼續硬撐了五年，但收視率早已大不如前。我個人猜測，威爾曼羅德的爆紅本就只是因為新穎的節目形式在當時還無人進行，然而一旦當有更多真正的廚師開始投入，而威爾曼羅德又沒辦法增進廚藝，失敗就成了必然的結果。最後，威爾曼羅德和妻子離婚，他的節目也正式停播。一九六七年，威爾曼羅德被診斷出胃癌，絕望的他用一把手槍，結束了自己的生命。

故事看到這裡，不禁讓人唏噓。這一位在經歷戰後德國的電視主廚，用象徵自由與繁榮的鳳梨罐頭，創造出過去難以想像的異國滋味，卻在名聲與財富中，喪失了最純粹的初衷。

凝聚時代嚮往的滋味

雖然威爾曼羅德的節目結束了，但「夏威夷口味」卻依舊保留了下來，還被其他廚師放在披薩上讓義大利人氣個半死。

這道由德國人發明、用來自夏威夷的鳳梨罐頭所製作、被希臘裔加拿大人放在披薩上的料理，或許現在只能掀起社群上的罵戰或被製成梗圖，但它背後其實蘊含著各個國家交織的複雜滋味，也承載著某些人的夢想與期望。

下次，你在品嘗夏威夷披薩的時候，不妨想想威爾曼羅德的故事，還有這股酸甜滋味在當時的時代意義。正如一位美食評論家羅特豪格（Rothaug）所說的：

他在一個幾平方公分的麵包上，凝聚了一整個時代的嚮往。

注1：此指蘇聯紅軍，為俄國社會民主工黨（布爾什維克）創立的軍隊，後發展為蘇聯武裝力量。

1-4

下午茶｜西多士

作者／O'爸爸

港式西多士的奇妙身世：香港人最愛的小食，竟是源自歐洲貧苦騎士的料理

如果每個人都有屬於自己的一片森林；那麼每位港人都應有屬於自己的一件西多士。

港人移居臺灣後，除了找居住的地方、找工作外，還用找甚麼呢？當然就是找吃的。他們難免會思鄉，追尋港式味道，於是便製作起港式西多士，甚至開設 Youtube 頻道與眾同樂。

就連開設在臺灣，標榜「港式茶餐廳」的食肆菜單上，定必會看到港式西多士這款甜品小食，例如：臺北美天餐室有人氣「金沙西多士」、茗香園冰室有必吃料理「流沙奶皇西多士」、臺南老吳冰室有超邪惡爆漿西多士。黃澄澄的吐司、奶油與糖漿的邪惡組合，往往是在茶餐廳飽餐一頓後的好選擇，不過，為什麼港式味道總是連繫著港式西多士呢？

真要理出個頭緒，那還得回到這份美味的發源地：香港。

情迷港式西多士

港式西多士有多大的魅力？讓我們到香港九龍城市政大廈3樓藏著的一間隱世茶餐廳——「樂園」看看。一進門就可以看到香港才子、美食家蔡瀾先生所贈的墨寶「勝過鮑參肚翅」（頂級高尚佳餚）。這間茶餐廳之所以能獲此美譽，除了有沙嗲牛肉麵、樂園招牌炒米粉等鎮店之寶外，當然不少了港人至愛的西多士。有別於其他茶餐廳，樂園有著自己的獨門西多士，分別是沙嗲牛西多士、阿華田醬和紅豆西多士。沙嗲牛西多士外層口感酥脆，配上奶油和煉乳後，鹹甜滋味在口中互相交融，阿華田西多士也不遑多讓，夾層內填滿阿華田醬和脆米，吐司表面亦鋪上滿滿阿華田脆米味道香濃，一口咬下

九龍城樂園店門口懸掛的蔡瀾墨寶：「勝過鮑參肚翅」。（Source：O’爸爸提供）

店內的沙嗲牛西多士。（Source：O’爸爸提供）

更是滿足，每個口味都各有千秋、色香味俱全，令人難以抗拒。

香港健康生活資訊網站「healthyD」在二〇一九年4月至7月進行了「至愛港式飲品小食調查」，發現港人在茶餐廳裡，最常點的小食前三名分別是西多士（57％）、炸薯條（30％）及炸雞髀（雞腿）（28％）。其中，西多士以將近兩倍的差距，穩坐茶餐廳人氣小點第一名，根據統計受訪港人平均一星期要吃1.1次西多士，以二〇一九年來說，20歲以上的香港人數約629萬，那麼一年下來，全香港的成年人可以吃掉超過3.2億份西多士，數量之多足以環繞地球一圈。可見港人對西多士的愛真的「勝過鮑參肚翅」呢！

港式西多士甚至成功衝出亞洲，在二〇二一年美國CNN的「世界食物：最佳五十碟菜」（World food：50 best dishes）名單裡，港式西多士排名38。同榜入選的還有西班牙海鮮燉飯（Seafood paella, Spain）、泰式青木瓜沙拉（Som tam, Thailand）、墨西哥塔可（Tacos, Mexico）及東南亞臭豆腐（Stinky tofu, Southeast Asia）等經典菜餚，可見西多士在香港的代表地位。

「西多士」究竟是何方神聖？

一時夾層藏著巧克力、一時切開後湧出流心奶皇、一時又有沙嗲牛肉，有如霧裡看花的西多士，到底是一種怎麼樣的小食？

單從字面上來看，「港式西多士」中的「多士」二字，即臺灣的「吐司」（Toast），更精確地說是烤麵包片的意思，相信大家對此並不陌生。不過，在多士前面的「西」可就大有來頭，它代表「法蘭西」（法國，France）的意思，換句話說「西」及「多士」合起來即是法式吐司（French toast），法文為 pain perdu，意即「不新鮮的麵包」（lost bread）。

煎炸金黃的法國吐司與培根，你聞到香味了嗎？（Source：Larry White ／ Pixabay License）

根據《牛津字典》所示，pain perdu一詞最早見於十四至十五世紀。相傳因為法國人不想浪費已經硬掉的隔夜麵包，便想到在硬麵包上沾點牛乳與蛋液，再將麵包拿去加熱，煎炸至兩面金黃。起鍋後，在煎好的麵包上撒上香料及鋪上配料。正是這個在麵包面塗上牛乳、蛋液，並煎炸加工的工序使之有別於「多士」。

香港深水埗的「維記咖啡粉麵」裡著名咖央多士及咖央西多士最能說明兩者的分別。就如下圖所示，咖央多士僅在烤麵包片上塗上咖央醬（注1）；而咖央西多士的麵包明顯被一層煎熟的金黃蛋漿包裹著，咖央醬則在夾層裡，每咬一口，香甜的醬汁幾乎就要湧出來，吃在口中有說不

維記咖央醬仍自家調配，做得順滑濃稠，非常足料，蛋香及斑蘭香味道調得平衡，甜度不高且容易入口。（Source：O'爸爸提供）

出的滿足。

不過話說回來，講究飲食、認真烹調的法國人，到底是怎麼在這麼一款簡單的菜色花上大量心思，使它成為舉世聞名的菜餚呢？周遊歐洲列國，尋找當地美食及食譜的英國學者萊斯蕾・布蘭琪（Lesley Blanch），曾在法國南部嘗過當地工人製作一道「不新鮮的麵包」或許可以告訴你製作有多繁複。

當時渾身水泥汗跡，高頭大馬的工人在廚房裡，動作細膩地打蛋，斟酌糖的用量。先取6片約莫½吋（約1.3厘米）厚的隔夜麵包切除麵包邊，同時，在牛奶裡加入1大匙糖和¼小匙的香草精後煮沸，接著倒進平底盤裡頭放涼。接著，將麵包片放到平底盤中沾取牛奶，要注意沾牛奶的動作一定要快，免得麵包變得濕軟或破裂。

另一邊廂，將3顆蛋黃攪拌均勻，並倒入另一個平底盤裡，接著將麵包均勻裹上蛋液，隨即用鑊剷把裹好蛋液的麵包取出，放在乾淨的布或一大張紙上晾一會兒。接著，在煎鍋裡融化2大匙奶油，當奶油開始冒煙，就將麵包下鍋，最後，當麵包兩面都呈淡淡的金黃色時即可起鍋。撒上糖粉和肉桂粉，一片片堆疊起來，並用餐巾布包起來保溫再上桌。若沒有註明這一切皆發生在工人的家庭廚房中，繁雜的工序很難不讓人以為自己身處大酒店的甜品部。

有趣的是，這並不是唯一一個法式吐司的做法，在英國法式吐司還有一別號，叫做「溫莎堡的貧苦騎士」（the poor knights of Windsor），乍聽之下和法國人精心烹調的「不新鮮的麵包」完全扯不上邊，調和得恰到好處，牛奶、蛋加肉桂粉堆疊出的豐富層次與香氣也消失得無影無蹤。不過，這也不僅是英國人幽默法國人的一傑作，就連瑞典等北歐夾國家和德國等地，都有「貧苦騎士」這道料理（瑞典語：fattiga riddare；挪威語：arme riddere；德語：armer ritter，均表示“poor knights”）。部分的「貧苦騎士」還配有果醬，相傳在歐洲古時，晚飯後能享用甜品是士紳階級身分高貴的象徵，當時的騎士不是士紳、就是特權階級，然而不是所有騎士都有錢吃甜品，於是，貧苦的騎士便會以果醬代替甜品，以維持他的身分地位。

西多士（Source：Alpha ／ CC BY-SA 2.0）

然而除了果醬伴食外，「貧苦騎士」與「不新鮮的麵包」，在製作方法上其實也不盡相同。從一六五九年出版的《The Compleat Cook》中記載的「溫莎堡的貧苦騎士」製作方法，或許可以看出些許差異：

溫莎堡的貧苦騎士

Poor Knights of Windsor

1. 先將兩個小便士麵包（Penny Loaves）切成圓片，並浸入半品脫奶油之中，然後放在盤子上。
2. 接著，打3個雞蛋，並磨碎肉荳蔻和糖，將它們與奶油一起攪拌成蛋漿，
3. 接著將圓麵包片的邊緣沾上蛋漿，並將其中一面浸入蛋漿中，
4. 另一面簡單塗上剩餘蛋漿，在鍋中放入奶油，待其融化，將原麵包片放入鍋中煎煮。
5. 起鍋後圓片麵包還需撒上烹調用的玫瑰水（Rosewater）、糖及牛油，一道「貧苦騎士」才算大功告成。

從上面的食譜中可以發現，「貧苦騎士」與「不新鮮的麵包」雖然在蛋漿的使用與調配上有些微的差異，但兩者仍有三大共通處：麵包、合成蛋漿（或蛋液）還有以煎炸方式烹調。所以，就廣義上來說，以麵包沾取液體後加以烹調的食物，是一款在歐洲各地流傳已久的食譜，從「騎士」的命名推測，法式吐司的歷史甚至能追溯至羅馬帝國時期。

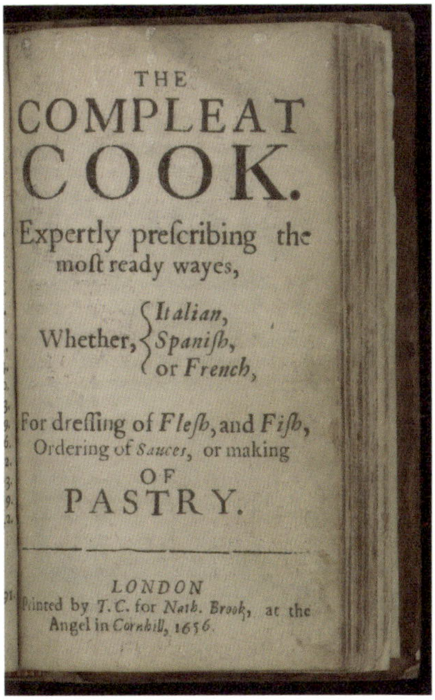

The Compleat Cook 的卷首。（Source：國會圖書館／公有領域）

為何 French Toast 有 "French"

從不同的食譜發展出類似的食物，「貧苦騎士」和「不新鮮的麵包」的食譜與做法，證明了法式吐司根本不是法國人創造的美食，撇除過去法國人節儉習食的傳說，為什麼這道食物的命名裡，還會有個“French”呢？據《牛津字典》詞條所示，“French toast”一詞最早出現在一六〇〇年英國廚師羅伯特・梅（Robert May）出版的《Accomplisht Cook》一書中。不過，書裡的法式吐司，指的是把法國麵包放在烤架上烘烤後，再浸入紅葡萄酒（claret）或雪利酒（sack），最後加上糖及果汁的一種料理。和我們現在熟悉的，更接近「不新鮮的麵包」的法式吐司完全不同。

不過，就在二〇〇五年，同一本字典中的同一條記載上，French toast 變成一種「泡浸過糖蛋漿後煎炸而成的食物。」和過去完全不同的解釋，反而更接近法國工人「不新鮮的麵包」及歐陸的「貧苦騎士」。根據美國美食評論家克雷格・克萊本（Craig Claiborne）在《The New York Times Food Encyclopedia》中寫到，美國的“French toast”一詞是借法國的 pain perdu 而來，French toast 字義變化的一缺，大抵上可能是美國人在一九八〇年代左右將“French toast”與“pain perdu”的意思對接起來所導致。換句話說，法式吐司之所以長成我們印象中的模樣，說不定是美國人的傑作。自此之後，French toast、「不新鮮的麵包」和「貧苦騎士」成為了近親。

由冰室食到茶餐廳

那麼，當乘載著歐洲文化與歷史的「貧苦騎士」或「不新鮮的麵包」來到中西薈萃的香港後，又是怎麼變成茶餐廳裡的西多士？

漫長曲折的故事或可從一間名不經傳的細小茶餐廳說起。位於香港上環，從鐵皮檔搬過來的「興記咖啡室」用上了近似「不新鮮的麵包」的烹調方法製作西多士。麵包底面及四邊先薄薄地沾滿鮮蛋液，然後拿去煎。由蛋液造成的脆面只停留在表面，麵包本身的味道得以保存下來，入口清新、外脆內軟、口感豐富，被視為是港式西多士的代表之一。興記在做法上和法國工人「不新鮮的麵包」仍有三點不同：

興記咖啡的西多士。（Source：O'爸爸提供）

1 不用隔夜麵包

2 使用厚切麵包（約3厘米），取其口感及彈性

3 煎完起鍋後，以煉乳和奶油取代牛奶、糖粉和肉桂粉。

現今興記老闆已為第二代，子承父業，一直嚴守父親興記菜品的烹調方法。老闆父親在五〇代來港後，便從事餐飲業，一度在咖啡室工作。或許就在這裡獲得興記菜品的靈感，並且在六〇年代創業，在鐵皮檔經營咖啡室。咖啡室另一較為人熟悉的名字為冰室，較早期以「飲冰室」為名，如一九二二年開業的「安樂園飲冰室」，是糅合平民化飲食的仿西式餐廳，向大眾提供便宜快捷西餐。五〇年代，適逢大批難民從中國內地湧入香港，需要大量工作，以及食肆供應，除了各式各樣的小販外，冰室也如雨後春筍應運而生。

過去，香港勞動階層因辛勤工作正當疲困、口淡之際，便會到「飲冰室」稍作歇息，與好友、老闆寒喧一會並「嘆返件西多（注2），飲返杯奶茶」迅速恢復體力。這類食肆的老闆通常持有食肆牌照（俗稱「細牌」（注3）），明確規範食肆能提供的飲品及食物品項，除了熟悉的中式餐點外，還包含了西多士在內的12款西式熟食。

西多士（Source：Alpha ／ CC BY-SA 2.0）

冰室的餐牌 HK_ 旺角 Mongkok 始創中心（Source：Bowarsiuc ／ CC BY-SA 4.0）

香港九龍觀塘道啓德大廈的「華生冰室」WahSang（Source：Honeybee ／ CC BY-SA 3.0）

平民的西式食肆，後來更因應政府政策與社會變遷，逐步轉型為現在大家所熟知的茶餐廳，「興記」從鐵皮檔搬進地鋪便是其中一例，而早在一九五〇年代（或之前）就登陸冰室和咖啡室的西多士，也就隨之進入茶餐廳，成了菜單上的必然正選。誠然這只是西多士眾多承傳途徑之一，其他的可能是在洋人家中工作時學回來；西餐廳或酒店的廚師到外面闖蕩開店云云。不過，無論在冰室、咖啡室抑或茶餐廳，港式西多士都不再擁有「騎士」的光環，而是一款沒有架子的平民食物。

茶餐廳的明星

早年興記的鐵皮檔相片。（Source：O’爸爸攝於店內。）

時至今天，港式西多士能踏上世界舞臺，和它多變的彈性以及飲食本土化有關。上文已提及同為法式吐司的「貧苦騎士」及「不新鮮的麵包」都有各自的製作方式和外型。法式吐司來到香港這樣以中西合璧見稱的地方，自然不只是吐司的醬汁與配料出現變化這麼簡單，就連外型也有多種選擇。除了興記、樂園等常見的正方形西多士外，還有瑞記的長條形、一小口一塊，保證你進食時不失儀態。又或者像香港迪士尼探索家酒店內的芊彩餐廳，它們提供配有麥芽糖、花生醬的 3D 西多士，更能吸引小孩的目光。值得注意的是，部分西多士的蛋漿表層不是輕火煎的，而猛火油炸出來，更加香脆可口，這些創新都

瑞記的小長條形西多士。（Source：O’爸爸提供）

是其他歐洲近親所沒有的。

西多士在香港還有一大賣點，就是夏蕙姨（黃夏蕙，夏蕙BB）的出現。這裡的「夏蕙姨」不是什麼西多士代言人，而是到底港人才知道的茶餐廳術語之一。在香港，西多士的習慣吃法是淋上糖漿或糖膠，簡稱為「淋膠」，而夏蕙姨曾與粵劇演員林蛟交往，所以「夏蕙姨」就成為了西多士的代語。而這支「淋膠」專用的糖漿基本上是「甜品控」們的必備用料，尤如薯條和番茄醬或是生菜跟沙拉醬的組合一樣是天生一對。

顯然而見，「港式西多士」就像是一把大傘，在這個統稱之下有各式各樣的形狀、配料和製作方法，從甜甜的花生、咖央醬，到鹹鹹的沙嗲牛肉和起士火腿，多變的內餡與實惠的價格之外，澱粉也容易填飽肚子，眾多優點集合於一身，可以說西多士在茶餐廳的菜單上，沒有太多的競爭對手。價食客總會找到自

香港迪士尼芊彩餐廳的麥芽糖花生醬西多士，專攻小朋友的口味。
（Source：O’爸爸提供）

己「心水」（偏愛）的西多士版本，這些或許就是它成為王者的原因。

想不到小小的一件「過埠」（飄洋過海而來）西多士，剛巧落在香港這文化滙萃之地，讓這個可鹹可甜的小食，有源自西方的方形麵包，包裹從東南亞來的沙嗲、咖央醬或是來自美國的花生醬、中國的麥芽糖等等。從歐陸來到亞洲，歷時孕育成「世界的港式西多士」。好比香港茶餐廳的孕成，同樣齊百家之大成，糅合中西，成了香港人的標誌。

注1：咖央醬（馬來語：kaya；印尼語：seri kaya；泰語：sang khaya；又名咖椰、咖吔、加椰醬），是一種東南亞常見的甜點材料，用上椰漿、鴨蛋或雞蛋、砂糖和牛油等材料隔水加熱撈勻做成。咖央醬常用來塗麵包、製作蛋糕、製作夾心麵包等的餡料。

注2：「西多」，為西多士的簡稱。

注3：去的香港細牌有明確的食物種類規定，分為三類，持牌人只能擇其一作為販售商品。其中包含了：甲類—中式麵飯、乙類—中式粥品及丙類—12款西式熟食，當中就包括了多士以及西多士。

(Source：Kanko ／ CC BY 2.0)

Castella

1-5

下午茶——長崎蛋糕

作者／陳韋聿 Emery

長崎蛋糕為什麼叫長崎蛋糕？一幅荷蘭人宴飲的浮世繪，與南蠻人和日本的初遇

每個嘉義人都會告訴你一家在地尚讚的火雞肉飯（反正不在圓環旁邊），每個彰化人也都有各自激推的爌肉飯或炸肉圓。不過，如果你問臺中人最好吃的長崎蛋糕是哪間，共識應當十分明確。如作家楊双子所言：答案絕對是坂神本舖，就在臺中第二市場對面！（注1）

——呃，其實你在臺中的松竹路上，也可以找到另一家印著「坂神」字

號的長崎蛋糕專賣店，只是不被本店承認而已（說穿了就是常見的那種老字號分家故事）。然而，不管你買的「坂神」蛋糕來自哪間，仔細觀察一下，你會發現這兩家店的金黃色蛋糕盒上頭，其實都印了同一種圖畫。

這張帶有一點浮世繪風格的圖像，呈現了四個歐洲人聚會宴飲的場景。從他們穿著的褲襪、假髮和帽子來看，可推測這場宴會大概發生在兩、三百年前。而散亂在地上的酒瓶，與他們臉上表現的醉態，則說明這群人已差不多要喝**ㄎㄧㄤ**了。

為什麼臺中的兩家長崎蛋糕店，都要使用這幅圖畫呢？

其實，印在坂神蛋糕盒上的這張圖，背後是可以追溯出一些典故的。這類圖像也跟蛋糕本體一樣，都來自日本長崎，並且同樣是一種歷史悠久的地方特產。究竟長崎蛋糕與蛋糕上的插畫，它們各自是如何誕生的？兩者之間，又有什麼神奇的關聯？

（Source：Helen.Yang ╱ CC BY 2.0）

《紅毛人康樂之圖》之謎：哪裡來的「紅毛人」？

故事，就先從畫的名字開始說起吧。這幅畫的題名叫《紅毛人康樂之圖》，後面的「康樂」二字大概不必多做解釋，但前面的「紅毛人」就值得仔細推敲一下了。

在臺灣，若提起「紅毛」，你大概會立刻聯想到淡水的「紅毛城」。事實上，此「紅毛」與彼「紅毛」，表達的確實都是同一個意思。在十六世紀以降的東亞海洋世界，「紅毛」主要是荷蘭人與英國人的代稱（注2）。這個帶有一些貶意的詞彙通行於東亞許多地方，大概因為紅髮實在太過罕見，人們便直接放大這種外貌特

與「紅毛人康樂之圖」相比，坂神本鋪蛋糕盒上的圖像截去了右邊約四分之一的畫幅，那裡其實還有一個做奴僕打扮的人物，正準備把更多食物送上餐桌。（Source：wikimedia ／公有領域）

徵，用它來代指整個群體。

換句話說，「紅毛」這個詞，反映的是在地人看待歐洲人的視角。誕生於日本的《紅毛人康樂之圖》，自然也呈現了日本畫師眼裡的洋人樣貌。

但話說回來，「紅毛人」與日本人究竟是如何相遇的呢？

仔細爬梳日本史，你會發現這些紅毛人應該都是江戶時代跑來日本做生意的荷蘭人，當時叫做「阿蘭陀人」。我們知道：江戶幕府在十七世紀中葉後實行了長時間的「鎖國」政策，而在這兩百多年的鎖國期間，日本持續保持貿易往來的歐洲國家僅有荷蘭而已。

這段時間內，乘船到訪日本的荷蘭人，

描繪「阿蘭陀」家庭的浮世繪（Source：The Metropolitan Museum of Art，公有領域）

19 世紀，日本畫家筆下的「阿蘭陀人」。（Source：The Metropolitan Museum of Art，公有領域）

日常起居都被限制在長崎港內一座名為「出島」的人工島嶼當中。從地圖上看，出島頗像是一座海上監獄，四周圍全部被牆垣與海水包圍，只有一座橋梁連接到長崎境內。這座島嶼的設計，充分反映了幕府對外國人的防範心理。

不過，人類的好奇心是很難被牆垣與海水所阻隔的。出島上的荷蘭人，對於日本人而言宛如一群來自異世界的鄰居。居住在「蘭館」當中的這些洋人，都過著什麼樣的生活呢？他們的穿著打扮、飲食娛樂和風俗習慣，又是怎麼回事呢？

這一切謎團實在是太吸引人了。你可以想見：在當時的日本，如果能夠透過某種媒體，具體地把荷蘭人的生活樣態呈現出來，鐵定會引來群眾爭睹吧！

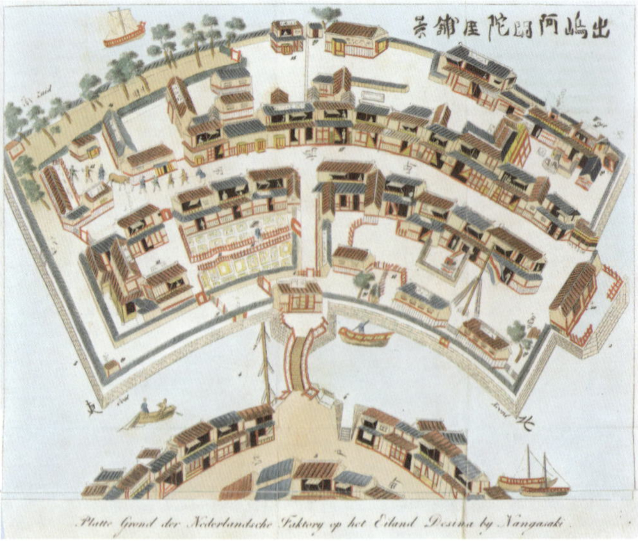

從地圖上來看，出島頗像是一個海上監獄，它的四周圍全部被牆垣與海水包圍，只有一座橋梁連接到長崎境內。（Source：wikimedia／公有領域）

十八世紀：滿足窺探慾，「長崎繪」大流行

無巧不巧，十八世紀正是「浮世繪」在日本消費市場上逐漸流行的時間點。從字面意思來看，「浮世」指的是人世紅塵——這樣說起來，浮世繪也就是描繪凡俗百態的繪畫作品了。

越是私密、奇異的故事，就越發惹人注目，畫像本身也會更為暢銷。因此，在浮世繪當中，你可以找到獵奇又煽情的「春畫」、描繪知名歌舞伎演員與藝妓花魁的人物像，以及各種名所舊跡的風景畫。這類以單張圖畫或圖冊方式銷售的版畫，總能滿足人們對於世界的窺看慾。

而正如前所述，居住在出島上的荷蘭人，就是日本人很想一探究竟的對象。於是，在長崎，「紅毛人/阿蘭陀人」遂成了浮世繪特別著重描繪的主題。這類出現在長崎的浮世繪被稱為「長崎繪」（ながさきえ），在當時的圖畫買賣市場上頗受歡迎，甚至還被銷售到大阪、江戶等地。（注3）

翻看現存的「長崎繪」，你會發現出島上的荷蘭人，不管是騎馬、狩獵、遛狗、讀書、動手術、看望遠鏡還是牽一頭駱駝，都被日本畫師視為某種奇異風景，值得好好畫

上一筆。荷蘭人的宴會，自然也是很有意思的——登愣，《紅毛人康樂之圖》於焉誕生！這類聚會、宴飲場景，在「長崎繪」裡同時是一種相當常見的創作主題。今天，你還可以在全球許多博物館所收藏的長崎版畫當中，找到一些類似圖像。

好吧，追尋完畫作身世，也差不多該切入正題了：「長崎繪」裡的荷蘭宴會，跟長崎蛋糕的關係又是什麼呢，臺灣的蛋糕店為何要把荷蘭宴會之圖印在長崎蛋糕的包裝上？難道長崎蛋糕的出現，真的和這群荷蘭人有關嗎？（十萬個為什麼）

首先，長崎蛋糕這種西式點心是從歐洲傳到日本來的，這點並無疑問；另一方面，蛋糕也確實會出現在荷蘭人的餐桌上。

荷蘭國家博物館所收藏的「長崎繪」，它所描繪的場景、人物、構圖等等都與「紅毛人康樂之圖」十分相像。（Source： Rijks museum ／公有領域）

這麼看來，坂神本舖把《紅毛人康樂之圖》印在盒子上，用來暗示長崎蛋糕的淵源典故，好像也是有幾分道理。

不過，若我們繼續深究歷史，便會發現：真正把蛋糕製作技術帶到日本來的，其實不是「長崎繪」裡描摹的那些荷蘭人。關於蛋糕的故事，還得再往前跳轉個一、兩百年，從歐洲航海者初次朝東亞揚帆的時代開始說起……

十六世紀：初遇「南蠻人」，長崎蛋糕問世

日本與西洋文明的密集接觸，大致起始於十六世紀中葉。那時，葡萄牙與西班牙的海外探險船隊已陸續來到東亞。一五五〇年，一艘葡萄牙商船駛進了毗鄰長崎的平戶島，此後，葡萄牙與西班牙兩國的貿易船便漸趨頻繁地造訪這座海港，平戶也搖身一變，成為日本人接觸歐洲文化的主要窗口。

除了帶來各種各樣的商品之外，「南蠻人」（這個同樣帶有貶抑意味的代詞，指的是來自葡、西兩國的人）的出現，也給當時的日本社會造成諸多衝擊。畢竟是未曾見過的奇異人種，他們手上的望遠鏡、頸項上的十字架、擺在房間裡的地球儀與自鳴鐘……

每一種新鮮物事，都讓日本人瞪大眼睛，並且成了許多人都想要一件的酷東西。

「長崎蛋糕」大致也是上述文化交流過程裡的一個產物。這種甜食的歷史淵源十分複雜，各方說法也有些出入。概略來說：長崎蛋糕原先仿自葡萄牙人在宗教節慶時製作的糕點 Pão-de-ló。一種說法認為，這種糕點在當時也被稱作 Pão-de-Castela（可能因為這類海綿蛋糕的原型來自伊比利半島上的 Castilla 王國境內）。長崎在地的日本人向葡萄牙人學會了 Pão-de-Castela 的製作技術以後，或許便直接把意味著起源地的單字 "Castela" 轉化為日語裡的カステラ，用以稱呼這種前所未見的甜食。（注4）

一五五七年，來到日本建造第一所西式醫院的葡萄牙傳教士 Luís de Almeida 曾為病人們準備蛋糕，這應是現存史料中外國人最早在長崎製作蛋糕的一筆紀錄。後來，長崎當地的老百姓也學會了這種甜點的製作方法，作為特色

一幅安土桃山時代的六折屏風，描繪南蠻人與日本的第一次接觸。（Source：Cleveland Museum of Art ／ CC0）

名產的「長崎蛋糕」也就這麼誕生了。

十六世紀後期，包括長崎蛋糕在內，從西洋世界傳入的「南蠻菓子」開始在日本大受歡迎，就連織田信長、豐臣秀吉等著名的戰國歷史人物，也都品嘗過這些點心的甜蜜滋味。與此同時，日本的茶文化、以及搭配飲茶的「和菓子」也迎來了另一個蓬勃發展階段。「南蠻菓子」的出現，剛好為和菓子增添了新的內涵。於是，西洋來的甜食，也就這麼融入了日本的飲食傳統當中。

臺灣的長崎蛋糕，怎麼來？

簡單做個小結吧：坂神本舖長崎蛋糕盒上的《紅毛人康樂之圖》是流行於十八世紀的「長崎繪」，不過呢，這類圖像裡描繪的荷蘭人，與蛋糕傳入日本的歷史其實沒有什麼關係。真正的蛋糕製作技術，是十六世紀後期由葡萄牙人帶到長崎的。後來，這類蛋糕在日本繼續發展成在地人喜歡吃的版本，在十七世紀出版的《南蠻料理書》裡，我們已經可以看到這類蛋糕的標準製作流程——既然被載入食譜，大致可以說由葡萄牙人帶過來的蛋糕，這時已在日本落地生根了吧。

既然故事是以坂神本舖長崎蛋糕為起點，我們一定會想追問的是：這種長崎蛋糕，又是怎麼飄洋過海來到臺灣的呢？我們習得蛋糕製作的途徑，和日本人一樣嗎？

前述故事裡的西班牙人跟荷蘭人確實都曾在臺灣建立商館，蛋糕也很可能曾被帶到這座島上。不過，我們大概可以推想，製作這種烘焙點心需要更複雜的工具、技術與原料條件，它因此不太可能像土魠魚之類的例子一般，從十七世紀的臺灣開始便長久流傳下來。

另一個直觀的聯想是：長崎蛋糕是在日本殖民統治時代傳入臺灣的。在二十世紀前期的報章雜誌與私人日記等史料當中，我們也確實都可以找到カステラ的蹤影，那時，島內的一些「菓子店」顯然都有販賣這種甜點。

十七世紀歐洲概念的「蛋糕」。Josefa de Obidos, Natureza morta com bolos, 1660.（Source：wikimedia／公有領域）

不過，今天出現在臺灣的長崎蛋糕，都是傳承自日治時代的糕餅舖嗎？至少從臺中坂神本舖、以及臺北南蠻堂（另一家老字號長崎蛋糕店）等例子來看，他們的歷史與戰前臺灣都是斷裂開來的。我們大概可以推測：臺灣人學習製作「蛋糕」等烘焙點心的技術，一定起始於日本時代；不過，如果說的是「長崎蛋糕」，它似乎更像是戰後從日本重新引進的風味。

尾聲：每個人心中都有一條長崎蛋糕

無論如何，可以肯定的是，十六世紀剛剛傳入日本的カステラ，其滋味與今天我們吃到的長崎蛋糕，必然是很不一樣的。這一方面是四百年前的烘焙工具與原料生產等條件與現代世界都已相去不可以道里計，另一方面，則因為食物一定會順應不同地區人們的口味而發生變化——所以，如果你覺得臺灣那些加了蜂蜜的長崎蛋糕，跟你在日本品嚐的味道天差地別，那也不值得大驚小怪，因為日本長崎蛋糕和它的葡萄牙原版，顯然也已完全不是同一回事。（不過坂神本舖長崎蛋糕的蛋糕裡頭是真的沒有加蜂蜜啦！）

實際上，異邦食物的「在地化」，本來就是全球飲食文化流動過程裡的常態。遠的不說，臺灣的夜市裡便能找到一堆例證，諸如澱粉勾芡的義式麵條、裹滿糖粉的美式炸甜甜圈、根本屬於原生創意的「泰式」月亮蝦餅……所有這些模樣看似「異國」的食物，內裡都是滿滿的臺灣風味。所以說，會冒出一個臺灣版本的長崎蛋糕，也是很正常的事情吧。

話說回來，以世界為材料基底，創造出融混多重文化脈絡的嶄新版本，不也正是我們這座島嶼的特色嗎？數年前，淡水的「古早味蛋糕」透過韓國觀光客的口耳相傳，大舉攻向了朝鮮半島。若回顧歷史脈絡，這種蛋糕根本也就是古早葡萄牙的 Pão-de-ló、乃至於近世日本蛋糕的「臺味」版而已。臺灣人總是有辦法把各種食材組合變化成另一種絕頂風味，這大概可以說是我們的得意技——從珍奶到刈包，從鹹酥雞到滷肉飯，未來，或許還會有更多進化於在地的臺灣料理，將朝著整個地球發起反攻吧！

注1：參見楊双子，〈全台灣最好吃的長崎蛋糕：台中第二市場對面的坂神本舖〉（太報，2021）。

注2：雖然「紅毛人」一詞只是一種刻板印象，但歐洲的低地國與不列顛群島確實是紅髮人口比例較高的國家。參見 Jacky Colliss Harvey, Red：A History of the Redhead (New York：Black Dog & Leventhal Publishers, 2015), no page number, “The Redhead Map of Europe”.

注3：不光是荷蘭，同時代的長崎也還居住著定期來航的中國貿易者。在日本，這些中國人被稱為「唐

人」，他們同樣被限制在一個四面由城牆圍起的空間範圍當中，只差沒有海洋環繞而已。「唐人」居住的地方名為「唐人屋敷」，與出島遙遙相對。對於日本人而言，這一大群異邦人的生活樣態也同樣引人注目，也因此，「唐人」在「長崎繪」中也是一種熱門的圖像創作主題。

注 4：“Pão” 在葡萄牙語的意思是麵包，臺語裡麵包的讀音 “pháng” 也是從這個字演變來的。Pão-de-Castella 的意思就是「生產自卡斯提亞王國的麵包」。在早期歐洲，現代概念的「麵包」跟「蛋糕」還沒有明確被區分開來，因而十六世紀的 “Pão” 這個詞大概可以泛指各種被送進烤爐的麵粉製作物。另外值得注意的是：許多文獻都提到 カステラ 的起源應當追溯到西班牙地區另一種名為 Bizcocho 的傳統糕點。總的來說，カステラ 的歷史起源目前仍是眾說紛紜。關於各家說法、カステラ 的語源、文獻證據等等，較詳盡的整理，可參見 Miho Tsukamoto, Transformation of Tradition and Culture, vol.1, ch.12, “Food and Culture,” POD：Xlibris, 2018”；中川清，〈南蛮菓子と和蘭陀菓子の系譜〉，《駒澤大學外国語部論集》，58（東京，2003），頁 69-125。另外值得參看的是東京大學教授岡美穗子的新近研究，她注意到一本十七世紀出版的葡萄牙語烹飪書使用了西班牙語單詞，箇中因由可能可以更準確地解釋為什麼葡萄牙人帶入日本的 Pão-de-ló 最終會以西班牙語的 Castilla 為之命名。參見氏著，〈南蛮菓子の文化的背景〉，收錄於カステラ本家福砂屋編，《南蛮貿易とカステラ：創業 390 周年記念誌》（長崎：カステラ本家福砂屋，2016）。

(Source：bryan... ／ CC BY-SA 2.0)

Army Stew

1-6

晚餐——部隊鍋

誰發明了部隊鍋？韓戰的痛苦記憶，催生出午餐肉與韓式辣湯的「韓美混血」結晶

作者／小松俊

我第一次吃到「部隊鍋」（부대찌개），是幾年前在韓國留學的時候。

當時，我的韓國朋友說要帶我們這些留學生去位於首爾北方的議政府市吃部隊鍋。我們搭捷運前往議政府市的中央站，一走出2號出口，便看到了標示著「部隊鍋街」的方向指示牌。照著指示牌的導引走了沒多遠，只見一個寫著大大的「議政府部隊鍋街」的招牌門，佇立在一條小街的入口。只消再穿過招牌門、走入小街，映入眼簾的，即是滿滿的部隊鍋店面——很難想像，在這短短一、兩百公尺的街道內，就有十幾家部隊鍋店聚集。

我們踏進了其中一家部隊鍋店。店裡有老舊的風味，牆上貼滿了店家的報導。點好餐點，店員先送上白飯和泡菜，不久後，端上了大家期待已久的部隊鍋：

泡菜、年糕、香菇、豆腐、大蔥和冬粉，配上韓式的辣湯底，到這裡為止，都是在韓國熟悉的身影。而所謂部隊鍋，則是以這樣的韓式湯底為基礎，裡頭再加上午餐肉、香腸、焗豆及泡麵等食材。韓國傳統的香辣味道，配上午餐肉和泡麵等零嘴的口感，這乍看之下頗不搭的組合，卻意外迸出了奇妙的化學反應，吃起來特別讓人上癮。

究竟是哪個天才發明了這樣的搭配組合？我不禁

議政府部隊鍋街的入口，據說議政府市正是韓國部隊鍋的發源地。（Source：페이지어／CC BY-SA 3.0）

暗自疑問。部隊鍋，又是如何成為與韓國劃上等號的代表性美食呢？

午餐肉：被美國人嫌棄的它，卻是韓國的高級食材

那次議政府市的部隊鍋初體驗之後，我又去了其他家部隊鍋餐廳。每間店都有屬於自己版本的部隊鍋，有些會加入起司、有些會添上魚板——但無論是哪種版本，只要名為「部隊鍋」，必定少不了午餐肉的存在。

所以說，關於部隊鍋誕生的故事，可得先從這最靈魂也最奇異的食材開始談起。

在韓國，午餐肉的地位特別崇高。百貨公司裡的禮品店裡，包裝精緻的午餐肉禮盒會與

午餐肉與火腿腸等肉類加工品，與年糕、泡麵一樣，都是部隊鍋裡不可或缺的主角。（Source：영길 황／CC BY 2.0）

高級洋酒和高級巧克力一同陳設出來；而遇上韓國的傳統節慶，大家也都會贈送午餐肉禮盒給親朋好友。同樣擁有豐富午餐肉文化的，還有沖繩。沖繩著名的炒苦瓜（苦瓜雜炒，ゴーヤーチャンプルー）裡面加的正是午餐肉，另外，日本全境也只有在沖繩的便利商店能買到「午餐肉蛋飯糰」（還可以微波！）。

實際上，不只是韓國與沖繩，舉凡菲律賓、夏威夷或關島等地，也都有食用午餐肉的文化。

然而，弔詭的是，午餐肉在它真正的發明地——美國，評價卻不怎麼樣。韓裔美籍學者 Robert Ji-Song Ku 回憶起在家中常吃午餐肉的童年，坦承自己「很愛午餐肉」，卻也指出身邊美國朋友對午餐肉的負面評價。在美國，

韓國逢年過節必備的送禮選擇：午餐肉禮盒，與臺灣的海苔、蛋捲有異曲同工之妙。（Source：hojusaram ／ CC BY-SA 2.0）

午餐肉是「詭異」、「人工」又「噁心」的食品，時常被拿來開玩笑。在當今食物工業化與全球化的背景下，人們逐漸失去對於食品的信賴，而午餐肉，或許也就此在美國被當成「可疑的工業食物」，成了受鄙視的對象。

那麼，在美國如此不受歡迎的午餐肉，為何會千里迢迢來到韓國、沖繩等地，成為當地人的離不開的美味？

跟著美軍走：從軍人口糧變身為平民美食

午餐肉，是由豬肩肉、糖、鹽、澱粉和香料混合而成的肉類罐頭，由美國的荷美爾食品公司（Hormel Foods Corporation）於一九三七年開發。那時正值美國大蕭條，在戰爭結束後肉類不足的窘境下，午餐肉作為便宜的代用肉，一躍成了膾炙人口的商品。到了第二次世界大戰爆發後，午餐肉又因其不須冷藏、容易保存的特質，被選為美國軍隊的口糧，它富含的蛋白質、脂肪、鹽分及高熱量，帶給士兵們充足的營養。更有意思的是，就連它的罐頭設計也隱含著巧思：不同於一般圓形的罐頭，長方形形狀的午餐肉罐頭疊起來能節省更多空間，有便於更有效率地儲藏及輸送。

1938 年的午餐肉廣告，下方還加註烹飪方法與醬汁食譜，外觀與今天的午餐肉並無差別。SPAM 原是荷爾美開發的午餐肉品牌，後來已變成午餐肉的代稱。（Source：Indiana Ivy Nature Photographer ／ CC BY 2.0）

根據許多美國軍官回憶，幾乎每一場美軍的主要作戰中，都有午餐肉相伴。就連二戰時美國最高司令官懷特・艾森豪威爾（Dwight D. Eisenhower）都曾說過：「我和幾百萬名士兵一起吃了午餐肉。」（注1）由此可見，午餐肉對美國作戰貢獻匪淺，是美軍勝利的一大「功臣」。

隨著第二次世界大戰結束、冷戰的緊張局勢逐漸升溫，美國為了鞏固它世界霸權的地位，於太平洋一帶的重要戰略區域都設置了軍事基地，而這，也成了午餐肉在亞洲地區普及的契機——舉凡剛剛提到的沖繩、菲律賓、夏威夷和關島等保有午餐肉文化的地方，它們的共同點在於皆有美軍的駐紮，當然，南韓也不例外。

午餐肉大峽谷裡的物資，堆得如山一樣高。（Source：National Archive ／公有領域）

太平洋美軍曾管基地裡的食物補給處叫「午餐肉大峽谷」（Spam Canyon），看來他們真的受夠午餐肉了……（Source：National Archive ／公有領域）

就這樣，戰爭已劃下句點了，但午餐肉的旅程仍在繼續。數以百萬計的午餐肉被送到了美軍基地，再成為地方居民的配給食物，流入民間各地。同時，也有部分居民會撿拾美軍吃剩的午餐肉，或是購買流入黑市的午餐肉等。

午餐肉，正是這樣與韓式辣湯相遇的。

部隊鍋：鍋中混雜著吃不飽的血淚，與斷頭的風險

讓我們把鏡頭轉回韓國，見證催生了部隊鍋的那個時代：朝鮮戰爭，也就是韓戰。

一九四五年，日本無條件投降，朝鮮半島終於擺脫了歷經三十五年的日本帝國統

二戰結束後的第一批駐韓美軍（Source：US military Photograph／公有領域）

治，然而，卻沒能得到期望已久的和平。一九四五年後，美國和蘇聯以北緯38度線為界進駐了北朝鮮與南朝鮮，一九五〇年韓戰爆發，奪走了幾百萬人的性命，撕裂了數千萬個家庭，成了朝鮮半島最黑暗的歷史之一。一九五三年，戰爭總算休止，但美軍並沒有就此撤離韓國。美國與南韓簽訂了《韓美共同防禦條約》，得到了在韓國駐軍的法律依據，從此展開長期駐留。

而部隊鍋，便是誕生於駐紮美軍與韓國當地居民的互動中。關於部隊鍋的起源主要有兩種說法，這兩種說法並不互相衝突，也都跟美軍基地有直接關係，可能僅是時序上的差異：

第一種，是來自美軍基地廚餘堆。在戰後物資匱乏的狀況下，許多挨餓居民聽聞「美軍有吃不完的食物」的傳言，便時常去撿拾美軍基地丟棄的食物。根據韓裔美國學者Grace M. Cho搜集的口述訪談，這些殘羹剩飯「往往混著各種食物的殘渣跟煙蒂」，雖然噁心，但卻得以讓他們生存。最重要的是，「有些人從廚餘中找到了粉色的火腿，並將之放入湯裡」——這裡所謂的「粉色火腿」，指的正是午餐肉，而這也成了部隊鍋的原型。

另外，韓國小說家安定孝在他的作品《銀馬》中，也提到了部隊鍋的歷史。在小說中，人們把從垃圾堆撿回來的雞骨、起司和肉丟到鍋子裡煮熟，稱這種吃法為「聯合國湯」（因為當時美軍被稱為聯合國軍）。而不只是小說中提及的「聯合國湯」，也有其他人稱它是「DMZ湯」（注2）、「垃圾湯」和「豬食粥」等，這些都是部隊鍋的前身。

第二種，則是來自黑市的說法。當時在韓國購買美國製品是違法的，因此有些人會從黑市取得從美軍基地走私來的物資。在肉類被視為極珍貴奢侈品的那個年代，午餐肉是黑市中最受歡迎的交易食材之一，而許多人會將從黑市買來的午餐肉放入鍋子裡煮，這也成了部隊鍋的起源。被認為是發明部隊鍋的老奶奶 Heo Gi-Suk（허기석），就曾在 BBC 的採訪中指出「當時沒有什麼吃的東

切片後的午餐肉，在沒有多加調理的情況下，說實話賣相非常可疑（？）（Source：Marco Verch Professional Photographer ／ CC BY 2.0）

西，但我有拿到一些火腿跟香腸，那時能獲得肉類的手段只有從基地走私」。（注3）

根據 TIME 雜誌在一九五九年的報導，當時約有價值九萬美金的美國製品流到韓國的黑市。而向黑市供應基地物資的主要群體則是嫁給美國士兵的韓國人女性（注4），因為唯有她們才能自由進出美軍基地。

但是，走私也伴隨著極大的風險。韓國政府嚴格取締非法交易，甚至有人因走私午餐肉而被叛了死刑。Grace M. Cho 的一位韓國朋友提到，她的母親會跟走私商人購買午餐肉；而另一位朋友的母親自己就是走私商人，她們會到美軍基地尋找「濃妝的女人」，從這些女人

二戰末期，進攻沖繩的美軍正排隊取餐。今天的菜單有炸午餐肉、青豆、蔬菜肉燉、以及新出爐的小圓餅。至於味道如何，士兵的臭臉顯然已有答案。（Source：National Archive ／公有領域）

身上獲取美國產品，再轉賣給其他人。而「濃妝的女人」，指的就是美國軍人的韓國妻子。Grace M. Cho 回想起二〇〇二年她要回韓國時，打算帶美國的巧克力給親戚吃。對此，她的母親竟擔心帶那麼多美國產品回韓國「會惹上麻煩」，而且「會被認為是在黑市賣的」。看到母親的緊張反應，她才明白，與美國人父親結婚的韓國人母親，或許正是那個「濃妝的女人」。

可見，在缺乏物資的年代，即便是冒著巨大風險，人們依舊會為了求生存而走私美軍物資。時至今日，走私的陰影已經遠去了，隨著冷藏技術的進步與經濟成長，現在已經是隨處都能買到肉類的時代。儘管如此，戰後不久的習慣卻保留了下來，韓國人依然會買午餐肉加入辣湯裡，煮一鍋熱騰騰的部隊鍋。

直到今天，戰爭仍影響著人們的日常生活。

尾聲：見證戰爭的料理

走過了戰爭的年代，韓國在一九八〇年後進入高速經濟成長期。

一九九〇年末，部隊鍋作為受年輕一輩青睞的「懷舊菜」而重新紅了起來，許多主打部隊鍋的餐廳如雨後春筍般冒出。部隊鍋為何會再次復興？根據研究韓國流行文化的學者鍾樂偉的說法，部隊鍋潮流的爆發，背後是「愛國消費主義」的推波助瀾。韓國政府在一九九〇年代推出了名為「身土不二」的國家健康飲食政策，以「韓國人較適合吃適合韓國人身體狀況的食品」為口號，鼓勵本土特色的餐飲業成長。同時，在一九九七年的亞洲金融風暴下，韓國國內經濟遭受嚴重破壞，民眾也只能在國內市場消費。鍾樂偉指出，是「經濟與愛國主義兩個因素互為結合，造就了韓國本土飲食文化重生的動力」，而部隊鍋的復興，正是「這種傳統的民族保護國家特色的文化彰顯」。

部隊鍋走過戰後的飢餓與蕭條，如今成為代表韓國「民族」的料理——料理本就經常被賦予國族的論述，定義何謂「我國」與「外國」、何謂「傳統」與「非傳統」。然而，如同辣湯代表韓國，午餐肉代表美國般，部隊鍋跳出了單一的分類，作為一種「韓美混血」的料理，體現了韓國與美國交織的身分認同。

吃部隊鍋，對老一輩韓國人來說，伴隨的是戰爭與貧窮的創傷；而對年輕一輩韓國人來說，意味的是對於那份痛苦記憶的共享。當年我與部隊鍋邂逅的議政府市，曾是美軍駐韓基地的所在地；今日，當地政府會在每年10月舉行「部隊鍋慶典」，讓學生、外國人等更多人更認識部隊鍋的魅力。

這份出自悲劇的料理，現在已成為代表韓國的味道，聯繫著韓國人的共同體情感，持續飄香。

注1：Eisenhower Letter about Spam, National Archives

注2：DMZ（Demilitarized Zone）為北韓與南韓間的非武裝地帶，依據一九五三年《韓戰停戰協定》所設立。至於為何會叫「DMZ湯」已不可考，有可能是因為DMZ一帶有許多美軍基地，吸引民眾在附近撿拾食物。

注3：Lucy Williamson, Why is Spam a luxury food in South Korea?, BBC News

注4：SOUTH KOREA：The PX Affair, TIME

（Source：bryan... ／ CC BY-SA 2.0）

（Source：Eiliv Aceron）

1-7

飯後甜點—冰淇淋

作者／廖品硯

你吃的不是Ice cream，而是老臺北的冰甜：美國與冰淇淋不能不說的那些往事

嬌小的少女梁芳安，歡快地推開玻璃大門，踏進店內；跟在其後的梁芳儀，則將佈滿疑惑的雙眼，探向既熟悉又陌生的餐廳內部；尾隨姐妹倆的王莉莉，臉上的微笑襯著暗暖黃光，守望自己的寶貝女兒……

這是去年在臺灣博得滿堂口碑的電影，《美國女孩》中的一幕。故事講述在美國生活的母女三口莉莉、芳安與芳儀，因莉莉罹癌而於二〇〇三年舉家返臺，使得過慣美國生活的一雙女兒芳儀和芳安，被迫重新融入臺灣社會，經歷 SARS 及家庭內的雙重風暴。

為了一解女兒們的「思鄉」之情，母親莉莉能做的，就是帶女兒們到美式餐廳「双聖」（Swensen's），讓女兒們吃最愛的"ice cream"。果不其然，一口「巧克力百匯」、一口「香蕉船」，再一口「環遊世界」聖代後，芳安滿意地向媽咪喊道："It's just like the States!"（「好像回到美國一樣！」）

這讓人「如臨美國」的氛圍，不只是芳安和芳儀的心願，或許，也是四十年前第一間双聖落腳臺北時，無數臺灣人的心聲。双聖對臺灣人的意義究竟是什麼？為什麼「冰淇淋」會讓人聯想到美國，美國双聖的誕生又有什麼故事？

——一切都得回到，一九八四年由赫士盟集團總裁葛嘯山牽線，第一家双聖在仁愛圓環的黃金地帶風光開幕之時。

双聖民生店外的七彩看板，映出了冰淇淋聖代與美國夢的緊密聯繫。（Source：作者自攝）

八〇年代，換上了「美國舌頭」的臺北街頭

主打多達28種口味的冰淇淋，並混搭出（當時）市面上少有的花式聖代或冰淇淋汽水，再加上明亮爽朗的舊金山風格裝潢，双聖甫一開幕，便成為臺北的話題餐廳；二年後，便加開了第二家分店。

巧合的是，双聖開設第二家分店的前一年，在美國市場就與麥當勞互別苗頭的溫娣漢堡（Wendy's），也進駐臺北市。同樣巧合的是，肯德基、哈帝漢堡（Hardee's）、快樂蜂（Jollibee）……一家家美式餐廳像約好了一般紛紛在一九八五年前後席捲臺北街頭，到這裡，事情當然不只是巧合了。

隨著臺灣社會在六〇、七〇年代逐漸邁開高速發展的腳步，許多臺灣人早已不知道，什麼是穿著美援麵粉袋內褲，餐餐吃地瓜籤配粥的日子。他們關注的，是迪斯可舞廳最新潮的舞步；他們熟悉的，是西餐廳刀叉的擺放規矩。

臺灣社會的趨勢，讓美國企業嗅到潛藏的商機。一九八四年麥當勞在民生東路開了第一槍，成功引起臺灣社會廣大的注意：店外的人潮，和今天任何一家排隊拉麵名店相較，都是有過之而無不及。

儘管歷史課本告訴我們，此時距離中華民國政府和美國斷交剛滿五年，但臺灣社會卻並未因此和美國斷了牽連——反倒如忘了當年斷交的國仇家恨，紛紛熱烈迎來美國餐廳，換上了美式舌頭。

所以我們能夠想像，在爸爸媽媽還是酷哥靚女的一九八〇年代，在營造得如同影集裡美式餐館的双聖，品一球甜滋滋的ice cream，肯定是最潮最引人羨慕的享受。

直至今日，双聖仍完美保留了一九八〇年代展店時，替自己打響知名度的舊金山風情。怪不得《美國女孩》中，梁芳安一進店門便大喊："It smells just like Cali(California)!"

全臺第一家麥當勞位在民生東路上的吉祥大樓一樓，正好與樓上的双聖分庭抗禮。（Source：玄史生／CC0）

不過，儘管有著追求美國味、美國潮流的時代背景，但能夠讓四十年前的爸媽們、讓芳儀芳安「如臨美國」的重點，仍舊是那一球球的冰淇淋。

就像是看到長棍麵包，就想戴起法國貝雷帽；見到披薩，會比出義大利人的招牌手勢 。吃到冰淇淋，可能就想起白白胖胖的美國小孩、純真的女性，甚至是美國軍人開心地拿著甜筒的畫面。

双聖之於臺灣是美國夢，那冰淇淋之於美國又是什麼呢？

原本吃不起冰淇淋？飄洋過海的越境之旅

直到今天，双聖依然保有 1980 年代展店時替自己打響知名度的舊金山風情裝潢。（Source：作者自攝）

儘管冰淇淋和美國關係匪淺，但綜觀冰淇淋的歷史，美國實際上只出席後半場。不僅如此，冰淇淋在相當長的一段時間裡，也不是平易近人的國民點心，而是貴族才能享有的專利。

我們翻開古今中外有關冰淇淋或是冰飲的記載，馬上就能明白能夠品嘗到冰，有多麼地奢侈。生在溫帶地區的皇宮貴族較幸運，將冬天的冰雪運入地窖存用即可；但若身處溫暖地帶，貴族們就只能遣人從高山上，開鑿並運下一塊塊冰磚。

所幸，十六世紀的歐洲人學會了我們小學自然課做的實驗：在冰塊上撒鹽，降低冰的熔點。透過簡單的吸熱效應，歐洲人更容易保存冰塊，也更容易品嘗到各式冰品。

得益於科學的力量，義大利人對冰品的需求，已經不滿足於單純將冰塊加入飲品內。上流社會的食譜中，出現將酒、水果飲冷凍而成的雪酪（sorbetto）。

雪酪是將酒、飲料或水果冷凍後刨碎而成，由於不含牛奶成分，乳糖不耐症患者也能享用。（Source：Ewan Munro ／ CC BY-SA 2.0）

以此為基礎，再加入鮮奶油並充分攪拌配料，便有了我們所認知的冰淇淋。

但是，可別忘記冰淇淋不只需要冰和鮮奶油。我們今日理所當然出現在冰淇淋中的香草、熱帶水果、香料，以及重中之重的糖，全都是歐陸得來不易的奢侈品。

雖得掏出大把銀子，但對於十八世紀在法國咖啡館裡的上流人士而言，能舀一球冰淇淋來吃是在所不惜。當文人雅士們滔滔不絕地議論到一半，他們會向甜點師傳點一球滿是異國風味的冰淇淋，盡情徜徉在這甜蜜的奢侈中。

當冰淇淋廣受法國和義大利名流歡迎時，美國這才姍姍來遲，加入了吃冰的行列。

1801 年，享用著冰淇淋的巴黎女士們。（Source：Gallica Digital Library ／公有領域）

起初，就和歐洲國家類似，冰淇淋是有頭有臉的人才能夠享用，像湯馬斯・傑佛遜（Thomas Jefferson）和喬治・華盛頓（George Washington），這兩位開國元老都是狂熱的冰淇淋愛好者。

但後進的美國，靠著廣闊的土地，在接近城鎮的郊區處，集中大量牧場生產原物料，硬是壓低了冰淇淋的價格。自此，不只是高級餐廳，城鎮裡的家庭餐廳、咖啡店和酒吧，都開始提供平民也能偶一嚐之的中價位冰淇淋。有的攤販還混入較少的奶油，把價錢壓得更低，好走入偏僻的農村，兜售銅板價的冰淇淋。

十八世紀後期才建國的新生美國，在下個世紀又迎來了工業革命的劇變，冰淇淋也在這段變革中嚐到甜頭。譬如冰淇淋製程中，最麻煩的攪拌和製冷，都有了專用機械代勞，讓冰淇淋的產量劇增、價格銳減；另外，得益於德國移民帶來的食品染色技術，將冰淇淋染成草莓的艷紅、薄荷的翠綠，都不再是天方夜譚。

自歐洲富人的御膳，到美國升斗小民的甜點，冰淇淋經過兩百多年到了十九世紀末期，終於和我們熟知的長相和價位，都相去不遠。

只是，冰淇淋還沒成為美國與美國人的代名詞。此時，萬事俱備，只缺歷史的臨門一腳……

禁酒令，徹底改變美國冰淇淋的命運

如果有幸回到十九世紀，走進美國城鎮裡的餐廳，享用完主餐後，就能點一客美味的冰淇淋。其中，不乏男士們議論公事的身影，也能見到年輕或白髮夫婦談天用餐，奇怪的是，卻遍尋不著三五姐妹淘一桌的景象。

這是因為：美國雖總是以自由國度自居，但國內的女性權益發展卻相對遲緩。十九世紀的美國女性不只不能投票，連要在沒有男伴時單獨吃飯、或是和同性朋友們聚餐，都會被各個餐廳拒絕接待。

有能力消費，卻處處碰壁的十九世

孩子們的錢都去哪了？銅板價的冰淇淋推車，就是他們的零用錢殺手。圖為美國德拉威爾州的報童們正在搶著買冰淇淋。（Source：美國國會圖書館／公有領域）

紀美國女性，外食的唯一選擇就是冰淇淋店（ice cream saloons）。相較於供應酒水和排餐的餐廳，以及男人們舉杯言歡的酒吧，冰淇淋店提供當時他們認為女性喜歡的食物：冰淇淋、三明治和沙拉，這類小孩子口味的甜點和清淡爽口無負擔的輕食。

不能上餐館，待在冰淇淋店吃三明治配幾球冰淇淋，聽起來也不差。但如此的性別用餐差異，到了二十世紀初期，美國頒佈「禁酒令」後，有了一百八十度的轉變。

在宗教團體的倡議下，美國在一九二〇年禁止釀造、兜售酒精飲品。雖然禁令下仍有私釀酒、地下酒吧蠢蠢欲動，但絕多數人仍解不了酒癮。喝不到啤酒，就用同樣冒著氣泡的汽水代替；啜飲不到紅酒，就吞嚥風味濃厚的甜食。

酒吧一家家倒閉，樂的是紛紛裝設汽水機、杓

1920 年代的冰淇淋廣告，蓬勃發展的汽水與冰淇淋吧也是咆嘯二〇年代的象徵之一。（Source：美國國會圖書館／公有領域）

起一球又一球冰淇淋的冰淇淋店。而且不只是單純的冰淇淋，聖代、香蕉船和冰淇淋汽水，這些現在都能在双聖吃到的品項，全是禁酒令時期冰淇淋店攬客上門的法寶。沒酒買醉的男士們，只好用冰淇淋和鮮奶油灌醉自己，沉浸在甜膩的冰品盛宴。

至此，吃冰淇淋成了美國孩童、成年男女都愛不釋手的美食。就算在二戰期間，當各國下令禁止製作冰淇淋，徵收奶、糖等原物料投入戰爭時，美國人民就是無法抵擋冰淇淋的誘惑。不僅未加以禁止，還想方設法在前線開起冰淇淋工廠，確保士兵能夠在閒暇時，來一口冰甜的好滋味。

一名老兵 Merle Lebbs 甚至如此回憶：他在一九四二年參與澳洲東北方的珊

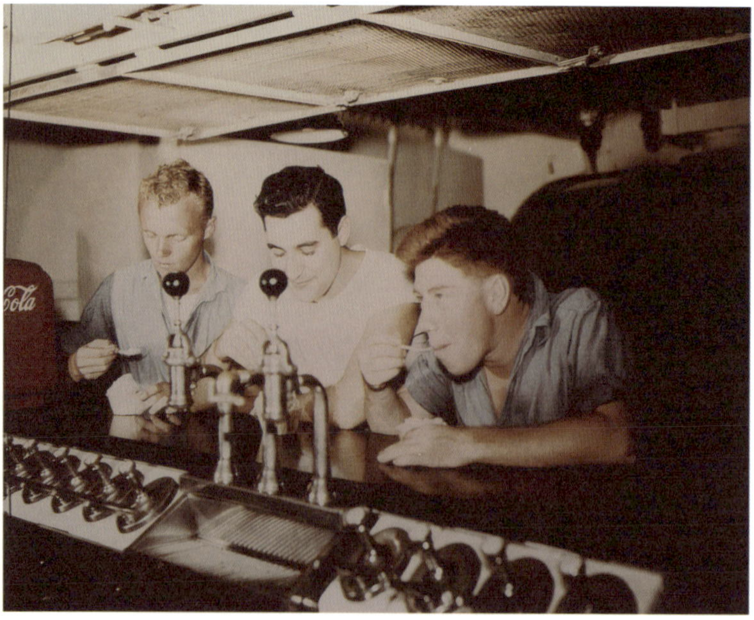

戰艦上的可樂與冰淇淋，或許就是美軍在二戰中無往不利的祕密。（Source：tormentor4555／公有領域）

瑚海戰役（Battle of the Coral Sea）時，所搭乘的母艦不幸被擊沉。正當他準備棄船逃生時，一名軍官竟帶領眾人衝向冰櫃，把一桶桶的冰淇淋舀入每個人的鋼盔裡分食。這不說還以為是搞笑漫畫橋段的戰場回憶，完全側寫出美國人對冰淇淋的痴狂。

當海軍青年遇上冰庫裡的冰淇淋

有趣的是，美軍不只創造了珊瑚海上的冰淇淋故事。双聖這家餐廳的出現，也和美軍脫不了關係。

原來，双聖創辦人 Earle Swensen，也是名曾於二戰服役的海軍小夥子。在一點遮蔽物都沒有的南太平洋服役，Swensen 和每位士兵鮮少能冷卻昏頭欲睡的大腦。

好在 Swensen 是名美國海軍。偌大的軍艦，總有存放一桶桶的冰淇淋的冰庫。他在閒暇時就偷溜進冰庫納涼，溜的時日一久，竟和製作冰淇淋的船員打起交道，在凱旋返鄉時，已經學會如何做出一桶冰淇淋。

戰後，當 Swensen 回到故鄉舊金山後，先做起一般的文書行政工作，但過一陣子後，他發現比起坐辦公室，在船上學做冰淇淋的日子實在有趣得多。內心的渴望蠢蠢欲動，碰巧，在一九四八年的舊金山街角，他撞見一處空店面。Swensen 馬上承租店面，以"See Us Freeze Ice Cream"的店名，開啟他繁華的冰淇淋事業。

起先，Swensen 白天繼續坐辦公室，並委託岳父顧店，晚上火速趕往店內接手，一面蒐集顧客意見、一面調整冰淇淋口味。他的用心，也被舊金山市民看見，生意蒸蒸日上，最後終於成立了我們熟知的双聖公司。

就像社會經濟直線發展的臺灣，双聖瞄準世界各地市場並開放加盟，在一九七〇、八〇年代，急速向海外展店。豈料，如同出遠洋很難不遭逢大風大浪，双聖到了海外就遭遇挑戰。

海外的加盟情形，不如國內加盟店好掌

美軍船上的冰淇淋機，也啟發了 Earle Swensen 的老闆夢（圖片非當事冰淇淋機）。
（Source：National Archive Catalog ／公有領域）

握。海外的加盟經營，通常是由大集團接手，再管理下轄加盟店的三層模式（前面提及的葛嘯山、赫士盟集團即是如此）。在七〇、八〇年代擴張時，集團壓榨加盟主的聲音不斷傳到Swensen的耳邊，使他深感內疚。

受不了海外經營的紛擾，一九八二年Swensen選擇賣掉双聖公司的股份，保留原本舊金山白手起家的店面，給信任的老員工經營。如今，我們熟知的双聖，其總部位在加拿大，與舊金山的老店、與Swensen已無任何瓜葛。

即便如此，全球每一家双聖店面，都還保有Swensen開店時的舊金山風貌。搭著店內的氛圍，吃著一球球冰淇淋，我們彷彿還能看見Swensen白天上班、晚上攪拌冰淇淋的熱切身影，也彷彿能夠感受到影集和電影裡頭，美國戰後單純和樂、欣欣向榮的年代。

舊金山俄羅斯山的双聖總店，至今已有七十年歷史。（Source：jsymo26／CC BY-ND 2.0）

尾聲：美國夢的往事如煙

回到二〇二二年，那些和双聖同時期進駐臺灣的速食店，早已想方設法與臺灣社會及社會潮流打成一片：肯德基推出熱炒三杯卡拉雞腿堡；麥當勞在今年馬鈴薯短缺之際，主打臺灣味的地瓜薯條；而祭出香菜豬血糕五更腸旺披薩的必勝客，更是社群流量的寵兒。

民生東路上這間双聖，靜靜地在陳舊的大樓，店內凝滯並販售著一九五〇年代的舊金山風情裝潢。只不過，一九八〇年代後，它就不再是社會渴慕的美國想像。即使如此，我們還是不妨走入店內，點那碗《美國女孩》裡讓芳安、芳儀為之欣喜的「環遊世界」聖代。

在劇中，姊妹倆吃著這碗聖代，不僅是讓姊妹倆回憶起美國生活的心頭好，「環遊世界」之名，似乎更暗示了她們內心，渴求環遊至地球另一端、美國的心願。

在民生東路的店裡頭，時不時能夠看見上了年紀的客人聚在一起，開心談起尚未如煙的往事，彷彿叔叔、阿姨們，也環遊到了自己梳著中分或燙大波浪，嚮往美國口味的一九八〇年代。（双聖民生店於二〇二三年歇業（注1））

拿起湯匙，嚐一口冰淇淋和琳瑯滿目的配料，匯聚熱帶、溫帶、寒帶的各種風味，宛如冰淇淋自身的歷史，自歐洲宮廷到美國市井，再到亞洲一隅的臺灣——如今，我們依舊能從這口冰淇淋中嚐到，環遊世界各地的體驗。

注1：臺灣僅存一家双聖，位於台北市復興南路一段317號1樓。

双聖冰淇淋（Source：Krista ／ CC BY 2.0）

(Source：Kansir ／ CC BY 2.0)

作者／O'爸爸

每年吃掉 66,233 噸燒味！揮別家園後，香港移民用眼淚醃成美饌

臺灣大學對面的新生南路上，有著一老字號港式燒臘店「鳳城燒臘」，網上流傳着：「如果你是臺大學生卻沒吃過鳳城的燒臘，那就真的白混了這四年」。

再三看了看店鋪大名，大家是否想過，這家店為何不直接取作常見的「港式燒臘」或「香港燒臘」，而是用上了「鳳城」一詞呢？據悉，中國廣東珠江三角洲上的順德大良一帶在過去稱為「鳳城」，就飲食文化而言，曾有「食在廣州，廚出鳳城」的美譽，直至今天，順德佳餚依然享負盛名。由於種種歷史因素，不少順德人輾轉來到香港落地生根，隨之而來的便是順德菜，如現已歇業的順德公小酒家，也有主打順德菜的鳳城酒家。由此可知，「鳳城」不但可指順德及順德菜，同時也有「美味」或「美食」之喻。怪不得「不到『鳳城燒臘』，便白過了臺大生活」呢！

不過，臺灣的港式燒臘，在港人眼中會是什麼滋味？

前香港藝人、現在已是臺灣藝人兼企業家的杜汶澤先生，就曾對臺灣燒臘發表高論。他談及：「臺灣最不行的就是燒臘，他們不會做。」至於臺北「最好吃的叉燒在哪裡？」，答案不是任何一家燒臘店，而是「我

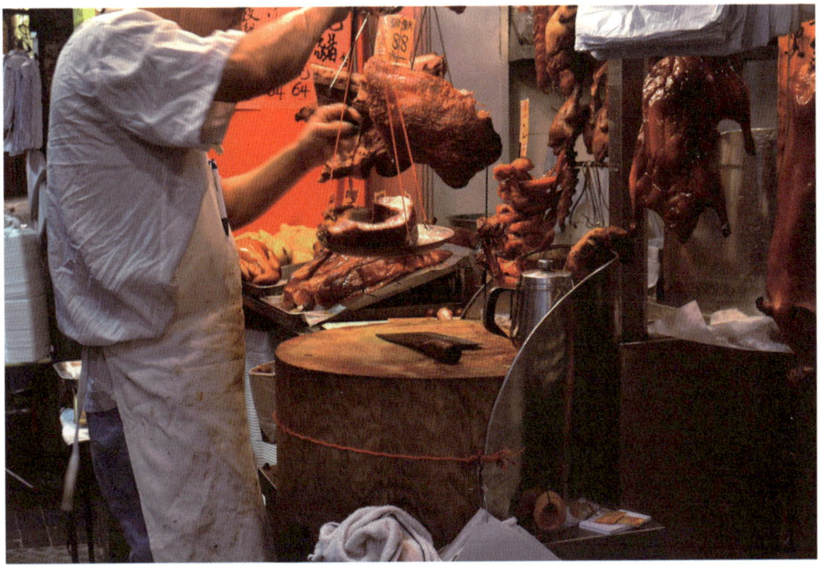

「鳳城燒臘粵菜」在臺灣是燒臘店的經典代名詞，但香港人是如何評價它的呢？（圖為香港燒味店照片）（首圖素材：David Boté Estrada ／ CC BY-SA 2.0）

（杜汶澤）家」。（注1）

先別急著生氣，杜生這番話當然不能單從字面上去解釋，應由一位生於斯、長於斯的香港人，對燒臘體驗的角度出發——也就是說，想揭開嗅覺與記憶的真相，我們得從燒臘在港人生活中的地位及其越洋後的意義著手談起。

不可一餐無燒味！影視、廣告和語言中的明星「叉燒」

首先，臺灣所說的「燒臘」，在香港普遍稱為「燒味」，包括叉燒、燒鴨、燒鵝和燒肉等。因為燒臘的「臘」在香港語境中多指「臘味」，即中國醃肉的

香港島天后的「康樂燒臘飯店」店名雖用上了「燒臘」，但在店號之下另有一小橫匾寫有「康樂燒味 名師主理」。照片左下方則為一串串臘腸及其他臘肉。（Source：作者自攝）

深井博記飯店的馳名燒鵝（Source：作者自攝）

北角宏發燒味餐廳的外賣叉鴨飯（Source：作者自攝）

天后康樂燒臘飯店的叉鴨飯（Source：作者自攝）

以及叉鴨飯的例湯（Source：作者自攝）

一種，常見的有臘腸、臘鴨等，而香港的燒味飯店（燒臘店）一般而言燒味及臘味兼售，有的則多加一「味」——鹵（滷）味（鹵水）。燒味通常配有米飯、瀨粉（注2）或米粉，如叉燒飯、燒鵝瀨（粉），客人也可以來一碟單拼或雙拼、三寶或五寶，甚至八寶燒味飯。

燒味在香港人心中的地位，可從影視作品、廣告與日常語言中略窺一二，比如香港燒味的靈魂食材、說到燒味必不可少的：叉燒。叉燒甚得港人歡心，杜汶澤點評臺灣港式燒臘時就曾談到叉燒。一九九六年港產電影《食神》中周星馳與谷德昭於電影末段，在位於香港南區深灣的珍寶海鮮舫比拼廚藝，爭奪食神寶座，最後，周星馳就是以一碗此生吃過最美味的「黯然銷魂飯」（叉燒煎蛋飯）感召眾生。

不僅如此，所謂「葡萄美酒夜光杯，欲飲琵琶馬上催」，在穀飼牛肋配紅酒以外，叉燒配玉冰燒（燒酒）更是一絕。一打開Youtube，便會聽到節奏澎湃、聲勢浩大，令人精神為之一震的粵語廣告歌曲：

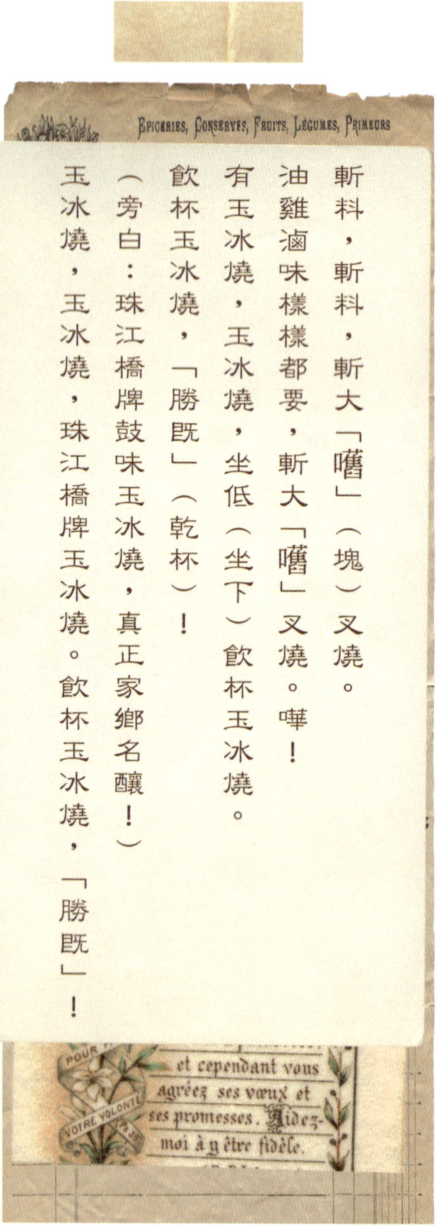

斬料，斬料，斬大「嚿」（塊）叉燒。
油雞滷味樣樣都要，斬大「嚿」叉燒。嘩！
有玉冰燒，玉冰燒，坐低（坐下）飲杯玉冰燒。
飲杯玉冰燒，「勝既」（乾杯）！
（旁白：珠江橋牌鼓味玉冰燒，真正家鄉名釀！）
玉冰燒，玉冰燒，珠江橋牌玉冰燒。飲杯玉冰燒，「勝既」！

這首廣告歌，是已故香港鬼才黃霑先生（注3）在八〇年代的作品，歌中另一與香港燒味密不可分的用語便是「斬料」，相傳「斬料」一語也因此在普羅大眾生活中流行起來。

何謂「斬料」？燒味店裡林林總總的肉食，稱為「料」。「斬料」即「切燒味」、「買燒味」之意，如「落街斬料」意為上街去買燒味或燒臘。驟耳聽來，「斬料」二字是多麼富有市井生活氣息，與廣告中的工人、工作地點和下班後慶祝的場景甚為匹配。

而「叉燒」除了令人食指大動外，亦具攻擊性。粵語中有一俚語，就連九〇年代香港動畫代表麥兜媽媽麥太也曾說過：「生『嚿』叉燒好過生你（生塊叉燒都比生你出來好得多）！」這句話是母親用來罵不肖子女的，言下之意為：生塊叉燒還可以吃下去填肚，可是你只會讓我活受罪。（注4）

總而言之，影視、廣告和語言中溢滿燒味香氣，乃是生活的滲透。二〇一一年，香港健康生活互動平臺曾訪問過1,706人，想了解香港人進食燒味的習慣。結果發現，香港人對燒味情有獨鍾，受訪者平均每3.92天進食一餐燒味，51％的人更每星期進食二餐或以上；男性受訪者最常吃燒味，平均每3、4天吃一次，女性則每4、5天吃一次。以每名港人每餐進食約100克燒味推算，每年香港人就將66,233噸燒味吃下肚。而在眾多燒味之中，叉燒最得港人歡心，有71％人表示愛吃，其次是燒肉和燒鵝。

由此可見，即使到了講求食得健康，少油、少糖、少鹽的二十一世紀，燒味依然在香港人的餐桌上佔據著很重要的位置。

由街頭「食」到飯店，香港燒味的變與不變

究竟為什麼香港人如此愛燒味呢？

燒味得以深入民心，正因其豐儉由人的特性，上至酒樓、酒店，下至餐廳、燒味飯店和街檔（攤販），皆能見到燒味的身影。街頭小檔？沒錯，直至六〇至七〇年代，走進街頭巷尾，特別是老區街角，不時還會看到身軀瘦小的漢子蹲在地上，兩手同時靈活地轉動小叉，讓手中嬌小的乳豬，隨白煙冒起，表色轉紅，一陣陣燒焦木炭的味，瀰漫四周。而那一頭，烤爐裡又徐徐飄盪着掛爐鴨、拖地叉燒（注5）的氣味，令人垂涎欲滴。購買燒味後，民眾十有八九以蓮葉包裹好，回家後一般不再煮熟，立刻入口食之。

然而，街頭小檔雖然風味十足、價廉物美且方便惠顧，但衛生與傳染疾病等問題也接踵而至，香港政府不得不加以監管。早在一九三〇年代英國統治時期政府已十分關注此事，並就店鋪衛生、包裹燒味的方法等問題提出各項意見。一九四〇年代更進一步規定燒味檔（燒味攤販）的面積，並要求店鋪符合相關衛生法例才獲發牌，繼續營業。這些規定一度引起業界不滿，他們不是資金周轉不靈、就是一時三刻找不到正規店鋪。上述黃霑的「珠江橋牌豉味玉冰燒」廣告、或是在一九八八年港產電影《雞同鴨講》中出現的燒味飯店，便可說是一連串政

申請燒味及鹵味店牌照

府規範及監管後的產物，尤以當中的標準櫃櫥（Typical showcase）最為經典。

只見店鋪入口側，映入眼簾的是掛滿燒味的玻璃標準櫃櫥。這櫃櫥可說是燒味飯店的靈魂，本身就是個小廚房，包斬、包煮（簡單加熱煮食），同時也是店鋪的活招牌。客人在門外就能看到掛滿各式各樣燒味的櫃櫥，與自己想食的美點只有一玻璃之隔。先觀望了燒味成色後，拿定要食的燒味，手指點一點，櫃櫥裡師傅便手起刀落、斬下客人要的燒味，再澆上溫熱的醬汁，一份色、香、味兼具的燒味即可上桌或自取外賣。燒味要趁熱吃，老主顧一般都會計算好燒味出爐的時間去點菜，這樣才能享受到燒味最美妙的那一瞬。而

港式快餐店在午飯及晚飯時間供應的鹹蛋三寶飯 Siu_mei_rice（Source：Neodymium+Nd ／ CC BY-SA 4.0）

相較於華麗的門面，店內擺設相對簡單，往往擺放著一張張能容納坐 4 至 6 人的圓桌，桌上備有食具，牆上則貼有簡單但一目了然的菜牌。

時間再往後推移，從八〇年代走到今天，燒味飯店最顯著的變化則是製作方式及秤具。今時今日，燒味製作已不可能在室外、又或者店鋪附近的橫街窄巷，均隨街檔轉到店鋪裡去。炭燒味道也再難尋覓，因絕大部分改為石油氣或煤氣爐。馳名中外的鏞記燒鵝已是所剩無幾、堅持採用炭燒的食肆之一。至於秤具，現今入店所見大多數為電子秤，過去實為「燒肉秤」，要不然燒味在初期怎能在街邊擺檔呢！

「賣燒味」這回事，真切照見了港人數十年來「食燒味」的變化；但不變的，則是那份歷久彌新、直到今天依然「愛燒味」的心。

移民的眼淚，伴著燒味踏遍世界

話說回來，燒味這回事其實並非起源香港，那它又是如何出現、流傳到香港與中國其他省份，乃至於在世界各地發揚光大呢？

就刊於乾隆57年的《隨園食單》所見，燒味在清康雍乾盛世已見於江南美食之中。

清代學者袁枚對吃自有一番考究，其著作《隨園食單》是重要的飲食紀錄之一，也包含了當時的燒味做法。（Source：wikipedia ／公有領域）

《隨園食單》是袁枚四十年飲饌的集結，作者袁枚為隨園主人，未到40歲即辭官，於南京小倉山築隨園，論文賦詩五十年，是清代著名的文學家與詩人。《隨園食單》序云：「每食於某氏而飽，必執弟子禮學習」，因此「四十年來，頗集眾美」，其中便記載了燒小豬（燒乳豬，「叉上炭火炙之要，四面齊到，以深黃色為度，皮上慢慢以奶酥油塗之」）、燒豬肉（「先炙裏面肉使油膏走入皮內，則皮鬆脆而味不走」）與燒鴨（「用雛鴨上叉燒之」）。

而粵（廣東）式菜系的外傳應是跟隨人口流動，這點從粵菜在上海的發展可見一斑。粵菜館於清末依附商幫進入上海，最初多設在虹口四川北路一帶。粵人稱菜館為酒家，一九二〇年代粵幫菜的酒家已遍及全市。例如杏花樓酒家創於清末，最初由洪吉如與陳勝芳合營，只售小吃菜點，白天有臘味飯、燒鴨叉燒飯，晚上則供應粥麵。又如新雅粵菜館為梁建卿在一九二六年所創，梁建卿是南海人，畢業於香港皇仁書院，當時國民革命軍已攻佔漢口，梁建卿認為機不可失，於是開設新雅茶室，兼營粵菜業務，售叉燒鹵味，並有蝦仁炒蛋、炒魷魚和炒牛肉等粵式街坊小菜——值得注意的是，「燒味」均在兩間酒家的菜譜之上。

燒味傳到香港，亦是經此一途。十九世紀香港已是全球名列前茅的貨物集散地，超過一半的中國出口、以及超過三分之一中國入口經香港轉口。同時，香港也是由中國移民到美國加州、澳洲、紐西蘭和加拿大等國的航運樞紐，大量移民經此轉至世界。商機處處，人來人往，不同地區人士對食物有不同需求，相應的食肆自然應運而生。而這也說明了，為何燒味店最晚早在二十世紀初已見於香港島。

人口流轉頻繁，再加上移民潮，香港竟成了燒味走向世界的跳板，「港式燒臘」逐漸廣泛流傳。一九八二年，眼看英國統治即將告一段落，中英雙方在北京商討香港的前途問題，香港人心惶惶，移民風潮盛行。一九八八年港片《雞同鴨講》的精彩情節便是呼應這樣的歷史背景：盧

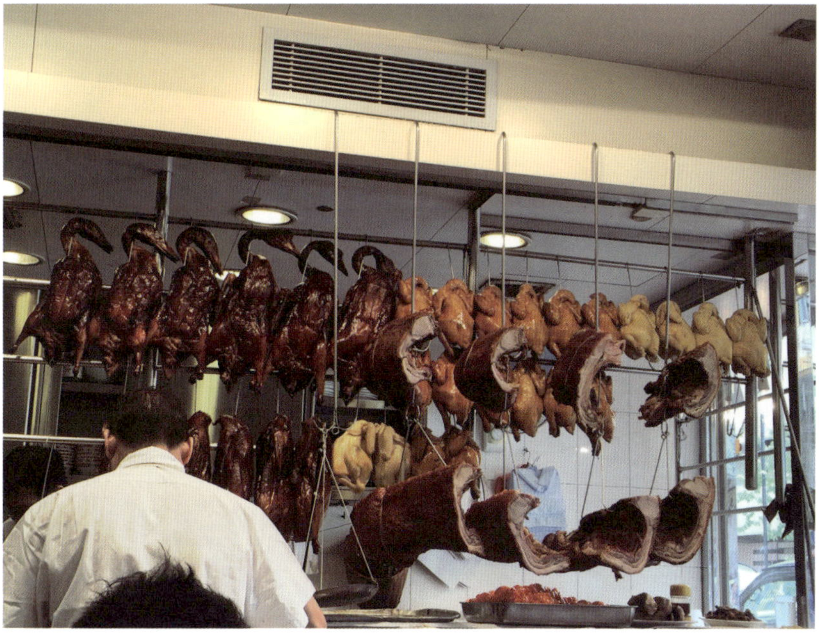

港式燒臘（Source：Kansir ／ CC BY 2.0）

冠廷扮演的狒狒是一名廚師，同時也是一個準移民。他留在許記燒鴨實際上是想盜取人家的燒味祕方，然後便移民海外。但由於他性格偷偷摸摸，再加上店長老許也是偷師出道、精明得很，這個偷學祕方的過程遂成為不可能的任務，期間笑料百出，逗得觀眾捧腹大笑。

歷史的無奈，讓燒味跟著香港人流轉世界。燒味伴隨香港移民外傳的情況有兩種：第一，以製作燒味作為投資、專業（廚師）與技術移民的手段，港人到達異地後，以燒味謀生；第二，大量港人聚居於外地，形成對燒味的需求，成為燒味師傅前往當地工作的契機。

舉例來說，現在臺灣的港式燒臘店一

香港 YTM 太子池樓香燒味酒家櫥窗展示烤鴨和叉燒。（Source：CW HADIC M223 KSUM ／ CC BY-SA 4.0）

般已由第二代執掌，如新生南路的鳳城燒臘店、東門市場的燒臘老店東門鴨莊（King of Roast）等，掐指一算，他們的上一代很有可能就是《雞同鴨講》中彿彿一角所代表的港人——帶着恐懼、徬徨、家人和燒味含淚離開家園，去到未知國度的一群。

尾聲：記憶中的那一味

說了這麼久，好像還未真正解釋杜汶澤先生對臺灣港式燒臘的評價。

法國知名文學大師普魯斯特（Marcel Proust）曾在他的代表作《追憶逝水年華》（À la recherche du temps perdu）中提到，主人公因啜了一口母親為他準備、摻著瑪德蓮蛋糕（Madeleine）碎屑的熱茶，因而觸動了他在貢布雷（Combray）度過童年時光的記憶。後來，科學家遂將此「嗅覺喚醒記憶」的過程，稱為「普魯斯特效應」（The Proust Effect）。

杜汶澤移民臺灣前，一直是在香港打滾，也在香港經歷了人生的高山與低谷，演藝事業正夕巔峰之際，卻為了對香港民主發展的堅持，最終只能忍痛離開這個家。當他先嗅一嗅，然後一口咬下臺灣的港式燒臘時，就如《追憶逝水年華》的主人翁啜了一口混有瑪德蓮蛋糕碎屑的熱茶那般，記憶被喚醒，百般滋味縈繞在心頭，怎能不叫他感慨萬千？香港燒味不只是「醫肚」的食物，還是開啟香港歷史、語言及生活的鑰匙，他於是不由自主地更熱切追尋家鄉的味道，這才認為臺灣港式燒臘不如香港地道——事實上，臺灣的港式燒臘，永遠都不可能複製他記憶中的美味，也無法引領他回到心心念念的家園。

這種感受，相信在家鄉食物經過外地本土化後，只會變得更為強烈。味道本土化一方面是源於當地食材及法規的限制，另一方面則來自市場競爭。食肆為求生存，穩佔本地市場，必定會根據客人口味去調整味道。就如同現在香港燒臘的祕方肯定也比《隨園食品》所載的複雜且多樣，以燒乳豬為例，現時的不一定用上奶酥油上皮，有的改用白醋、米酒和麥芽糖等作為皮水配方，部分做法更配上五香粉等醃料，以及香草汁料。港式燒臘傳入臺灣後也經歷這一蛻變，如鳳城燒臘的負責人便毫不忌諱地說自己的祕方醬汁經過改良，以迎合臺灣人的口味。

隨着港人外移越洋定居的故事持續上演，幾乎有港人聚居的地方，就有港式燒臘。港式燒臘不僅是謀生技能、一盤生意，對於身處異地的港人而言，也是《追憶逝水年華》中那杯摻著瑪德蓮蛋糕碎屑的熱茶。巧嘗到近似或同味的，便有他鄉遇故知之感；碰上不相似或陌生的味道，就如杜汶澤的情況，會更加懷念所謂的港式「正宗」口味——而正是這樣的過程，有意無意地將香港經典美食帶給了近鄰，乃至更遙遠的彼方，在世界各地開枝散葉。

注1：杜汶澤先生曾在二〇〇二年新一輯《尋找他媽的故事2之大英帝國點ㄥ樣》中，對臺灣燒臘直抒己見。https://youtu.be/H66xZNJZNrQ

注2：瀨粉，以稻米為原料的圓條狀透明粉條。

注3：黃霑，本名黃湛森（1941－2004），字亦芹，另有筆名劉杰、陸郎和不文霑等。他是香港知名作曲家兼填詞人，同時擁有廣告人、作家和藝人等多種身分，被視為香港跨媒體的代表人物；並與金庸、倪匡和蔡瀾一起，獲傳媒冠以「香港四大才子」之譽。

注4：《麥兜故事》絕對是九〇年代香港經典動畫，甚至還紅到臺灣，其中鬼打牆的對話令人捧腹大笑。https://youtu.be/nK2iDKIgf18

注5：拖地叉燒，指豬的肚腩肉與排骨相連的部位，吃起來肥瘦均勻，格外肥美。

Chapter 2

二

有深度沒難度的故事食譜：跨界料理DIY

有深度沒難度！激簡單故事食譜

為您奉上一道手殘也做得出來的料理，由「故事 StoryStudio」告訴你這道料理背後的精采故事，「塞呷 Sai-Jia」親自示範做法——準備好了嗎，歷史與料理食譜的跨界演出，一場結合知性、視覺、味覺的感官饗宴正式開始……

(Source：Rachel Claire)

2-1

瑞典肉丸｜Svenska köttbullar

絞肉料理征服世界的千年記

料理小故事／神奇海獅

食物攝影／Blacksmith

插畫 & 食譜料理／塞呷 Sai-Jia 阿吸

瑞典肉丸來自土耳其，那土耳其肉丸來自哪裡？

二〇一八年4月，當世界各國摩拳擦掌、準備在俄羅斯世足賽一決勝負的時刻，瑞典官方推特 Sweden.se 突然發布了一條重磅消息：

瑞典肉丸事實上是十八世紀國王卡爾十二世從土耳其帶回來的食譜。讓我們正視現實吧！

消息一出，馬上就有瑞典人表示崩潰：「我的一生都是個謊言。」但也有狂熱的土耳其足球迷半開玩笑的說：「只要把 Zlatan Ibrahimovi（瑞典足球明星）還給我們，我們就把肉丸這事忘了。」

但接下來就有一個問題了：卡爾十二世國王是怎麼把肉丸從土耳其帶回瑞典的？而瑞典肉丸如果是從土耳其來的，那土耳其的肉丸料理又是從哪來的呢？

接著就讓我們一起跟隨絞肉肉丸，一起來趟千年之旅吧~（聽起來怎麼怪怪的）

說到卡爾十二世，他有個稱號可以生動描述他的人生：「十八世紀的拿破崙」，意思就是說他跟拿破崙的角色設定差不

Köttbullar recept 1960 年學校和家庭食譜（Source：Holger.Ellgaard - Eget arbete ／ CC BY-SA 3.0）

多：軍事人才、征俄大敗。

一六九七年，年僅15歲的卡爾十二世登上了王位。當時瑞典和俄國為了波羅的海霸權爭執不休，最終在一七〇八年，卡爾十二世率領瑞典軍隊入侵俄國。而就像歷史上所有知名的征俄戰役一樣，那場戰役最後變成一場惡夢，除了造成無數人命的損失外、瑞典也永遠失去了大國的地位。

最後，卡爾十二世在即將被俄國人俘虜前的最後一刻，逃到土耳其的領地。

一開始，土耳其敞開雙臂迎接卡爾十二世。瑞典國王在這裡吃好睡好，潛心研究土耳其的海軍（和美食），而他

瑞典法爾雪平街頭小吃攤上的肉丸、馬鈴薯泥和越橘果醬（Source：Gunnar Creutz - Eget arbete ／ CC BY-SA 4.0）

對土耳其的報答，則是不停煽動土耳其對俄羅斯開戰——最後，土耳其終於受不了這位年輕國王無休止的陰謀和大筆債務，在流亡五年之後送他回到瑞典。

在卡爾十二世臨走前，他帶走了一份肉丸的食譜——那是他搭配咖啡和飲料的最愛。最後，這也變成瑞典人最受歡迎的家常菜，在往後的日子，更隨著DIY家具連鎖店，征服了全球肉丸迷的胃。

疫情期間，擔心全世界的人民太過思念自家的瑞典肉丸（會嗎？），IKEA大方地公佈他們的食譜：先將牛豬絞肉以2：1的比例混合，加入切碎的洋蔥、大蒜、麵包粉，加入生雞蛋與牛奶調味後，放入鍋中小火煎至金黃。另外他們的奶油醬則使用了奶油、麵粉、高湯與一點點的第戎芥末，最後再搭配蔓越莓果醬。當然，IKEA公布的不是什麼太驚人的商業機密，即使是一七五四年第一份瑞典肉丸食譜，你都會發現兩者幾乎相差無幾，只不過當年是用肉豆蔻而不是洋蔥而已。

但休淡幾咧，土耳其的碎絞肉丸，又是從哪漂流過來的呢？

作為世界三大菜系之一，土耳其料理是中東阿拉伯的菜系代表。這個菜系有幾項特點，第一是甜食多，第二是麵食多，而最後也最重要的特色就是：肉多。最常見的土耳其肉類料理就是旋轉烤肉（臺灣夜市裡俗稱的「沙威瑪」），而另外一個經典的肉類料理就是——肉丸（kofte）。

"Kofte"並不完全是球狀的。土耳其的各種肉丸料理，尺寸不同（小到像榛果，大到像足球）、型態有別（有丸狀、餅狀和長條狀）、烹調各異（烤炸蒸煮燉都有）。根據他們自己的統計，整個土耳其竟然共有291種肉丸料理。

但，這種絞肉製品也並非發源自土耳其，而是可以追溯到更古早、伊斯蘭教創立之初的料理派系：波斯－伊斯蘭料理。

西元七世紀，伊斯蘭教創立。剛開始，這些位於沙漠的阿拉伯人吃的很簡單樸素（好像也只能簡單樸素），之後伊斯蘭勢力開始逐漸向北擴張，最終進入了古老的波斯帝國。這個古國豐富的飲食元素立刻影響了伊斯蘭教，創立出一種更加精緻的伊斯蘭飲食文化。

你幾乎可以想像他們用餐的情景：

在巴格達的花園裡，穿著中國絲綢的哈里發正坐在厚毯或矮墊上用餐，吃的是那個時代常見的甜鹹料理：泡在酸甜糖醋醬裡的小羊肉、淋上鷹嘴豆醬汁的雞肉，某些菜餚甚至會灑上玫瑰或柑橘花露。這是穆斯林從古希臘文獻中學來的技術，位於大馬士革或薩布爾的工匠會緩緩加熱玫瑰花瓣，讓花瓣釋出精華，接著再用側管搜集起來。

143 瑞典肉丸｜Svenska köttbullar

（Source：Cihan Yüce）

而這時的肉丸料理，吃起來到底是什麼味道呢？一份十三世紀埃及的「石榴醬燴肉丸」食譜是這樣說的：先做羊肉高湯，等到湯汁變成一種滑順透亮的濃縮醬汁時，倒入榛果般大小的絞肉丸，接著加入石榴汁與玫瑰糖漿、再加切碎的薄荷與開心果倒入鍋中。最後，撒上一點薑粉、丁香與黑胡椒和玫瑰水提味，就可以上桌了。

聽起來如何呢？至少我是想像不出這個味道啦～XD

如果肉丸是從波斯－伊斯蘭料理發展來的，最後的問題是，那「絞肉」又是從哪裡來的呢？

仔細想想，也蠻令人納悶的：為什麼有人放著大塊的肉不吃、而要去吃磨碎的肉

Kottbullar現成的瑞典肉丸（Source：Number55 - Eget arbete／CC BY-SA 3.0）

呢？關於這點並沒有確切的答案，不過倒是有個蠻噁爛的都市傳說：

事情要從羅馬帝國末期開始說起。四世紀，一支羅馬人前所未見的蠻族開始入侵他們的領域：匈人（Huns）。這是一支連北方異族都感到畏懼的兇狠族群，根據當時哥德人的記載，這群人是蠻族中的蠻族，「他們的臉要說是人的臉不如說是平坦的肉塊，只有兩個會動的黑點讓人看得出來是兩隻眼睛……」

而在吃的方面更是可怕：據說他們在長途跋涉前會把生肉壓在馬鞍下，等在馬背上連續騎它個六小時後拿出來，也不經過烹調，就靠著陽光和屁股自然熟成法，直接就這樣吃掉了。這就是韃靼牛肉（tartar）的起源。

好的看到這裡，不曉得剛剛看文章培養起的食慾，有沒有在一瞬間熄火呢～？不過當然，這只是一個都市傳說而已。事實上不只是匈人，連突厥人與蒙古族都揹過這個黑鍋，但從來也沒有人能夠真正證明。

也許食物就是一件這麼有趣的事——在經歷各種征服、戰亂等政治事件以後，征服者離開了、王宮城堡也消失了，但唯獨飲食的習慣卻流傳了下來。也許接下來，當我們一起製作瑞典肉丸，搭配香噴噴的瑞典奶醬放進嘴裡的同時，會讓你驚嘆：原來，這小小的食物背後，也有這麼悠久的一段故事啊～。

一起做吧！「瑞典肉丸」

Svenska köttbullar

準備材料（份量約 40-45 顆肉丸）

肉丸材料

豬絞肉（細絞）400 g

牛絞肉（細絞）400 g

麵包粉 100 g

洋蔥一顆

鮮奶 110 ml

雞蛋一顆

肉丸調味料

鹽巴 1.5 小匙

黑胡椒 適量

- 肉豆蔻粉（Nutmeg）1/4 小匙（可以去中藥房買）
- 眾香子（又叫多香果、牙買加胡椒，allspice）適量（瑞典口味，可省略）

肉丸奶醬

- 鍋子裡剩的煎丸子肉汁
- 奶油 40 g
- 高湯 200 ml
- 低筋麵粉 3 小匙
- 鮮奶油 / 優格 50 ml

配菜

- 馬鈴薯 三顆
- 鹽巴 1.5 小匙
- 黑胡椒 少許
- 奶油／鮮奶油／優格 50 g
- 越橘果醬（或其他酸甜的果醬）隨意

一起做吧！「瑞典肉丸」

Svenska köttbullar

A 做肉丸

1. 洋蔥切碎，跟麵包粉、鮮奶混合均勻，讓麵包粉充分吸收水分，變得濕潤但沒有多餘液體
2. 將步驟 1 與其他肉丸材料、調味料混合均勻
3. 用湯匙把肉餡分成相同大小，再用手搓圓
4. 少許油熱鍋，中火將肉丸煎到表面焦黃、中間半熟，盛起

B 滾奶醬

1. 原鍋轉小火，融化奶油，炒香麵粉
1. 慢慢加高湯：先加1/4，不要一次加完喔！持續攪拌避免麵粉結塊，重複直到加完高湯
2. 放入肉丸，轉中火微滾 8 到 10 分鐘，不時攪拌丸子
3. 最後加入鮮奶油（夏天可用優格替代，很清爽好吃喔！），收汁滾 2 分鐘，完成！

C 還想來點配菜？

1. 馬鈴薯泥：電鍋蒸或水煮馬鈴薯，用筷子能穿過就是熟了
2. 趁熱去皮、拌入奶油（同樣可用優格替代），壓碎攪拌到滑順，配著肉丸、果醬一起吃吧！

不能沒有你！靈魂食材篇

／牛肉&豬肉！／

肉丸的靈魂食材，當然就是肉了！

其實，這兩種肉類在丸子中扮演了不同的角色，牛肉帶來豐厚的肉味，豬肉的油脂讓口感更多汁滑順～。

在瑞典當地大多是牛豬混合製作，甚至是全牛肉。

小撇步 Tips

1. 牛豬絞肉可以在超市、量販賣場買到，請買「細絞」的。
2. 如果選擇在傳統市場買，請攤販幫你絞兩次唷！
3. 臺灣不少人不吃牛，也可以使用「全豬肉」或「豬雞」混合，會比原配方清淡。也可以用「鴨肉」取代牛肉，口感和香氣很類似。

☆「塞呷」不負責任點評☆（注1）

★塞呷評比：這道菜也太危險了吧！（打手）

肉丸應該是不分國界受歡迎的菜，但也很危險，因為沾著醬會一顆接一顆停不下來……最棒的是，一次做一堆，冰在冷凍庫隨時想吃都超方便！因為疫情的關係，連 IKEA 也買不到最道地的越橘果醬，大家也可以選擇酸度較高的「莓果類」果醬來代替唷。（藍莓、覆盆莓、黑櫻桃等等）

★故事評比：征服世界必備！

對不善廚藝的故事編輯來說，只要我們覺得簡單，一定很簡單！這道瑞典肉丸就是如此——每次去 IKEA 餐廳必點的瑞典肉丸，想不到可以在家輕輕鬆鬆就做出來了，而且還可以一次做大量起來

囤，沾鹹的奶醬或沾酸甜的果醬都可以，宵夜正餐都適用，簡直是常常加班的編輯社畜的居家必備……真不愧是陪馬背上的驍勇民族征服世界的肉丸！

美味度：★★★
儀式度：★★☆
囤貨度：★★★

注1：塞呷是閩南語「嘴饞」的意思。「塞呷」是一部談食物的Podcast，從風味、美學、文化、產地和料理，帶你更認識嘴裡的每一口食物，也讓你半夜肚子餓。塞呷主持人阿吸，食物設計師，長到一半發現自己離不開食物的女子。

2-2

海軍咖哩—ネイビーカレー

日本人曾說，咖哩是一種「有奇怪臭味」的醬?!

料理小故事／胡川安

食物攝影／Blacksmith

插畫＆食譜料理／塞呷 Sai-Jia 阿吸

一種有奇怪臭味的醬汁！當日本與咖哩初相遇

我很喜歡組裝日本軍艦的模型，很多模型來自第二次世界大戰日本海軍的艦艇。後來有機會到日本的各大軍港旅行，從橫須賀、舞鶴到吳市，參觀了不同的軍艦。旅行的過程中總免不了要吃飯，發現這三個城市都有屬於自己的「海軍咖哩」——海軍與咖哩，為什麼會變成一對，他們是怎麼配在一起的呢？

如果我們考察日本人的咖哩初體驗，最早可以到十九世紀江戶末期，福澤諭吉的記載。福澤諭吉所編的《增訂華英通語》（福澤諭吉造訪美國時，在舊金山發現了這本由清人所編的字典）有著日本對咖哩最早的紀錄。

不過，福澤諭吉本人應該沒有吃過咖哩，日本人的咖哩初體驗應該是來自山川健次郎（1854-1931）的日記。山川健次郎何許人也？

他是日本最初的物理學者，擔任過東京帝國大學和京都帝國大學的總長（按：即大學校長）。出身東北會津藩的山川健次郎，入選為公費留學生，到美國留學。

山川健次郎的日記中除了有認真求學的紀錄，也將沿途的奇風異俗寫下來，對於咖哩的評價，是帶有「奇怪臭味」的醬汁。然而，隨後當西洋等同於文明開化，日本政府開始提倡吃肉、吃西洋料理時，日本人就漸漸習慣這種有著臭味的咖哩。

是的，日本人一開始接觸咖哩，把它當成「西洋料理」。從夏目漱石的留英日記或是明治時代的報紙當中都可以發現，

咖哩不被當成印度料理，而是文明開化的西洋料理。而其中，海軍與咖哩的關係是一段有趣的過程。

明治政府決定西化的過程裡，海軍的編制主要學習英國。日本人學習西方文化不只是表面的層次，連外國人吃甚麼也一起學。英國海軍吃咖哩，日本人也跟著一起。

除此之外，日本人在整軍的過程，發現士兵很容易罹患「腳氣病」。甲午戰爭陸軍死了一千多人，但因為腳氣病死亡的超過四千人。當時對於腳氣病的來源有很多種說法，有人認為是傳染病，必須從病毒的來源尋找。但軍醫高木兼寬發現，日本人喜歡吃精米，而且不喜歡攝取紅肉，

海上自衛隊浦賀號 (MST-463) 上供應的海軍咖哩（Source：Hohoho - Eget arbete ／ CC BY-SA 3.0）

造成體內缺乏維生素。

而牛肉咖哩飯富含維生素，在海軍的餐點中加入洋食，並且混以麥飯搭配，就可以解決海軍的腳氣病。陸軍由於不相信高木兼寬的說法，一直到一九一三年才停止供應精米，導致很多人的死亡。

然而，日本人並不習慣正宗的印度咖哩，所以要稍微改良一下，以符合日本人的口味。橫須賀位於東京灣的入口處，從幕府時代晚期就將此處作為海軍的根據地，現在這裡有很多專賣海軍咖哩的店家，甚至變成一條「咖哩街」。

其中追求原始味道的海軍咖哩是遵照一九〇八年《海軍割烹術參考書》作法的咖哩飯，其中寫道：

首先用抹了牛脂的平底鍋翻炒小麥粉，等顏色焦黃之後，放入咖哩粉，慢慢倒入高湯攪拌，煮出黏稠感，加入剁碎的牛肉或雞肉，將馬鈴薯切塊。接著放紅蘿蔔、洋蔥下去煮，以鹽巴調味。馬鈴薯可以等洋蔥和紅蘿蔔煮成泥狀再放。

——轉引自《日本的洋食》，頁88。

海軍咖哩相較於印度風味咖裡湯汁較為濃厚，黏稠度較強，比較適合用來配飯。印度咖哩一般配麵包，但日本人習慣吃飯，所以海軍咖哩就在橫須賀生根。

後來在海軍的港口城市，像是舞鶴、吳市或是佐世保都有海軍咖哩，但是每個城市都有各自的風味，甚至還會相互較勁。不過，說到海軍咖哩，還是以橫須賀的最為有名。所以，日本農林水產省在二〇〇七年的時候舉辦一個「想推薦給外地人的本地人氣料理」，神奈川縣就選出了「橫須賀的海軍咖哩」。

對於一百多年前大多數的日本士兵而言，從軍之後的飲食，是他們咖哩的初體驗。當時日本每人每年的牛肉消費量才一公斤左右，但是服役的士兵一年可以吃到十三公斤，可見洋食和海軍咖哩的牛肉消耗量。

而且由於海軍長期在海上航行，需要有些固定的儀式和餐點讓他們掌握時間感，因此據說日本的軍艦上會每逢週五推出這道料理。本來日本人對於牛肉敬謝不敏，但海軍咖哩是日本人能夠接受的味道，而且，服役的士兵都是平民，可以吃到以往不容易吃到的白米飯，咖哩飯、洋食可以讓他們吃得飽足，受到士兵們的大大歡迎。飲食文化的和、洋交流，也從這裡展開。

當士兵們退伍之後回到家鄉，將這道料理傳播至民間。日本的國產咖哩於明治晚期（二十世紀初期）開發成功；昭和11年（一九三六年）大阪阪急百貨一天可以賣出13,000份的咖哩，後來開發咖哩粉、咖哩包，成為國民美食，在家也可以享用咖哩的味道。

現在咖哩飯在日本相當流行，流行的程度甚至超過握壽司和鰻魚飯。根據近幾年的調查，超過一億的日本人每個月至少吃4次咖哩飯，這只是上館子的次數，在家食用的咖哩包、咖哩粉的還不算在內。

透過咖哩可以看見飲食的文化交流。從日式咖哩不僅可以看到日本與英國、印度文化的交流，還可以看到飲食本土化的過程，共同譜出了一段雜揉的歷史關係。

牛肉海軍咖哩（橫須賀 CoCo 壹番屋）（Source：武藏／ CC BY-SA 3.0）

一起做吧！海軍咖哩

Navy Curry

準備材料（份量約 4 人份）

海軍咖哩

- 雞胸肉 一副（約400克）
- 馬鈴薯 2顆，切大塊
- 洋蔥 1顆，切丁（指甲大小）
- 胡蘿蔔 1根，切大塊
- 無糖優格 兩大匙
- 無鹽奶油 30 g
- 日式咖哩粉 15 g
- 低筋麵粉 20 g
- 蒜末 5 g

薑泥 5 g
蘋果泥 1 大匙
高湯 600 ml（可用水代替）
鹽巴 適量

生菜沙拉

美生菜 適量，也可用蘿蔓、福山萵苣（又稱大陸妹）
牛番茄 一顆切塊，或數顆小番茄
任何你喜歡的沙拉醬

配菜

日式醃紅薑、醃蕗蕎、醃小洋蔥……適量，可省略
鮮奶 一杯

一起做吧！海軍咖哩

Navy Curry

A 炒咖哩食材

1 將洋蔥、胡蘿蔔、馬鈴薯與雞胸肉切成塊狀，大蒜切末，薑與蘋果磨成泥

2 將雞胸肉先用鹽與無糖優格醃製一小時，軟化肉質不乾柴

3 熱鍋加少許油，小火將洋蔥炒香，再加入胡蘿蔔、馬鈴薯一起稍微炒過

B 炒咖哩糊

1 拿出燉鍋，以小火融化奶油，加入麵粉炒至淡褐色，再加入咖哩粉拌炒均勻

2 在鍋中分次加入高湯，調整醬汁到有點稀的稠度（因為馬鈴薯會讓稠度增加，熬煮時水分也會蒸發）

C 小火慢燉

1 將雞胸肉之外的所有食材加入，攪拌均勻，蓋上鍋蓋，中小火燉20分鐘

不能沒有你！靈魂食材篇

／咖哩粉／

「咖哩」是一道彈性很大的料理，要用牛、雞、豬都可以，燉煮或炸豬排，各艦隊都有自己的獨門食譜。但，獨特風味的關鍵，就是「自製咖哩糊」！

相較於印度，日式咖哩的香料味相對溫和，但用奶油、麵粉與香料粉炒過的香氣，仍比現成咖哩塊更有層次，也可以自己調整甜度。（市面上的咖哩塊即使「辛口」都偏甜）

不瞞你說，炒麵粉其實簡單的不得了，只要有小火與耐心，要失敗都很難。一起試試看吧！

小撇步 Tips

1 日本咖哩粉在全聯就買得到，小鐵罐沒負擔也好保存

2 咖哩冰隔夜味道更濃縮、更入味，記得留半鍋當明天的午餐

3 雞胸肉不柴的祕訣——用餘溫悶熟！如果煮牛肉咖哩，順序就要相反：先將肉煮軟，再加入蔬菜燉煮。

／小補充／

疫情影響，這次很可惜沒能買到海軍咖哩的另一個靈魂：日式漬物（tsukemono）。海軍咖哩搭配醃漬物，主要是用爽脆的口感及酸甜的風味，來平衡濃郁的咖哩醬汁，而海軍咖哩最常見的夥伴，就是醃紅薑跟蕗蕎。一般紅薑都是超大的業務包，不如在超市買罐裝醃嫩薑，加點火龍果汁或紫蘇梅汁染成嫩紅色；而糖醋蕗蕎可在一般雜貨店、大賣場的醃漬醬菜區找到，或是農會超市也有罐裝唷。

☆「塞呷」不負責任點評☆

★故事評比：帝國主義與週末，都濃縮在一道料理中

源於英屬殖民地印度的咖哩，先是在大英帝國海外擴張時，成為英國海軍伙食，再經由日本軍國主義，成為日本海軍的招牌料理，「海上自衛隊カレー」。讀到川安寫海軍只有在週五會吃咖哩時，滿滿的儀式感油然而生，突然湧起以前國小營養午餐只有週三會吃炸物，看到炸雞塊、玉米可樂餅出現在午間餐盤裡，就會想起：「啊，今天是禮拜三呢！」那樣子的心情。

★塞呷評比：煮咖哩的過程是香氣的療癒術

WFH（在家工作）的周末，想說不趕時間，就自己炒咖哩糊，做一道有滿滿誠意與香料味的海軍咖哩吧。慢慢拌炒的途中，奶油．麵粉．咖哩粉的焦糖化，還有燉鍋中的小火慢煮，整個煮咖哩的過程就是香氣的療癒術啊！除此之外，咖哩也是那種不需多說，一打開家門就讓人期待晚餐的料理。

美味度：★★☆
儀式度：★★☆
囤貨度：★★★★

(Source：Change C.C)

2-3 海南雞飯

料理小故事／石明謹

食物攝影／Blacksmith

插畫＆食譜料理／塞呷 Sai-Jia 阿吸

雖然海南島沒有海南雞飯，但每個人心中，都有一片樹影搖曳的夢想大地

提到「南洋料理」，許多人心中都會聯想到各式咖哩、肉骨茶，當然也不會錯過「海南雞飯」這道名菜。

美食作家蔡瀾曾經說過：「正如星洲無星洲炒米一樣，海南並沒有海南雞飯。」這段話雖然引起一番爭論，但事實上，蔡瀾所說是事實，但也不是。

海南確實吃不到海南雞飯，然而海南雞飯，的確是跟海南島有著極大的淵源。

現在東南亞各國依然可以看到標榜「文昌雞飯」的餐廳。

文昌位於海南島東北，歷史上文昌人以養雞聞名，據說當地的雞隻異常肥嫩，經過較長時間蒸煮之後也不會乾柴，在清代被譽為廣東八大優良雞種——是的，你沒看錯，一九八八年海南島才正式建省，在清代還隸屬於廣東瓊州府。

因此，就這點來說，現在東南亞海南雞飯既然早在一九三〇年代就開始流行，若真要錙銖必較，就歷史正確性來說不應稱為海南雞飯，應該稱為「廣東雞飯」或是「瓊州雞飯」才對。

即便是在海南島當地，也僅有文昌雞之名，而無海南雞之稱。文昌雞的主要作法是「隔水蒸雞」，然而，現在東南亞各地的海南雞飯，除了有清蒸與水煮兩大主流之外，多半還見港式燒雞，與文昌雞的清蒸白斬路線完全不同，沾醬更是五花八門。雖然有「海南」雞飯之名，實際上卻是各路雞飯的總稱，而非「來自海南島的雞飯」。

海南雞飯的另一個爭議，就是這究竟是馬來西亞還是新加坡的美食？

現在流行的說法是，一九三六年在新加坡，有一位名為王義元的海南人，在新加坡街頭以挑擔子的方式，沿街叫賣來自故鄉海南島的雞飯，後來因為生意興隆，開起餐廳做生意，名為「瑞記」，這是海南雞飯起源於新加坡的說法。

然而，一九二〇年代已有華人在馬來西亞各地販賣雞飯，吉隆坡知名的「南香」海南雞飯，就開業於一九三八年，與瑞記的時間差不多，且兩者並無關聯，足見當時販賣雞飯並非王義元的獨創。而且當時兩地都還沒獨立建國，要說海南雞飯是星馬兩國的發明，在邏輯上也可以說是無意義的爭辯。

其實馬來西亞、泰國、印尼等地，原本就有吃雞飯的傳統，南香、瑞記等老牌餐廳，一開始都不是標榜海南雞飯，而且賣雞飯的也不限於海南人，甚至大部分都是廣東人或福建人，只是名稱都統稱為「雞飯」而已。後來，因為瑞記聲名大噪，自此所有的雞飯都被稱為海南雞飯。雖然王義元等人的雞飯的確跟海南島文昌雞有深厚的淵源，但海南雞飯的「海南」兩字，從此跟海南島已沒有任何關聯了。

海南雞飯在不同地方，也有各種不同的作法和流派。例如馬來西亞檳城的兩大海南雞飯「伍秀澤」與「文昌茶室」，在蒸雞的過程就採取完全不同的方式；馬六甲知名的雞飯粒，是將雞飯揉捏成球狀，方便碼頭工人帶在身上；吉隆坡的「樂園雞飯」，老闆堅持只能使用清蒸白斬的古法；印尼的海南雞飯可以搭配咖哩醬，成為蒸雞或燒雞咖哩飯的模式；泰國曼谷水門的紅衣海南雞飯與綠衣海南雞飯，是當地的國際著名地標，觀光客川流不息。

好吃的海南雞飯，關鍵有三。

第一：雞肉。必須讓雞肉保持肥嫩狀態，東南亞的雞隻品種，雖然比較小隻，但肉質豐厚，本來就適合這種蒸煮的作法，而且除了新加坡早早進入電動屠宰跟冷凍保存的現代化畜產外，馬來西亞跟泰國都還保持溫體雞肉傳統，更能保持原始美味。雖然相對地很難成為連鎖大餐廳，但是尋覓各地不同的雞飯攤販，也是另一種享受美食的樂趣。

第二：很多人以為海南雞飯的關鍵在雞，事實上飯才是本體。海南雞飯不

（Source：bryan... ／ CC BY-SA 2.0）

管是用蒸的或是煮的，先用雞油炒過米粒，或在煮飯過程中加入雞油及雞湯來熬煮，是最重要的關鍵，所以你看到的雞飯飯粒，都是淡咖啡色或是微黃，而東南亞流行的細長香米，正好是最適合吸收湯汁的品種，這也是為何海南雞飯能夠在東南亞盛行的主因。

最後：雞肉沾醬，是海南雞飯的靈魂所在。一般上以薑蒜末調製的醬料為本體，再結合進各地不同的飲食文化——例如泰國的海南雞飯會搭配酸甜的醬汁，馬來西亞有些店家提供生抽搭配綠色小辣椒切塊，新加坡有時會搭配蒜蓉醬、辣椒醬、純醬油等三色醬料讓顧客自行選擇，而咖哩醬汁則是印尼會見

(Source：Change C.C)

到的方式。

東南亞的種族跟宗教複雜，佛教、興都教、伊斯蘭教徒共同生活，而雞肉料理是各種族都能一起享用的食物，此地對於雞肉的講究自不在話下，煮雞煮飯不難，但不同的醬料則是完全顯示出不同地域的生活文化，該甜的、該酸的、該辣的，各顯神通，只要一入口，你完全就知道此刻自己的所在。

如今，你可以在香港、廣州、甚至海南島吃到「海南雞飯」，但都從是東南亞傳入的口味，而不是當地傳統料理，這可以說是一種文化反攻——當初東南亞華人不管什麼煮法、什麼口味的雞飯，一律稱它為「海南雞飯」。

這是遠渡重洋的華人族群，對故鄉的一種緬懷，是不是真的從海南島傳來的，倒不是那麼重要。現在的人吃海南雞飯，尤其是在東南亞以外的地方，吃的何嘗不是一種對遠方的嚮往，嚮往那個充滿故事、充滿文化衝擊、充滿異國情懷的海上十字路口，海南雞飯名字中「海南」的意義，並非是指稱「海南島」，而是「海的南方」，被稱為「南洋」的那片夢想土地。

一起做吧！海南雞飯
Hainanese Chicken Rice

準備材料（2人份）

雞腿&醃料
- 去骨雞腿排 2 片
- 老薑 2-3 片
- 大蒜 2 瓣，切碎
- 月桂葉 2 片，撕小塊
- 鹽巴 1 小匙

雞飯
- 泰國香米 1 1/2 杯
- 香油 少許

配菜

大黃瓜 1/3 根（或小黃瓜 1 根）

小番茄 數顆，切半

醬料

醬油 2 大匙

白砂糖 1 大匙

蔥 1 根

油 1 大匙（雞油最好，菜籽油、玄米油等味道淡的植物油也可以！）

泰式辣椒醬 1 大匙

（可以用喜歡的辣椒醬代替或自製，簡易作法在食譜中）

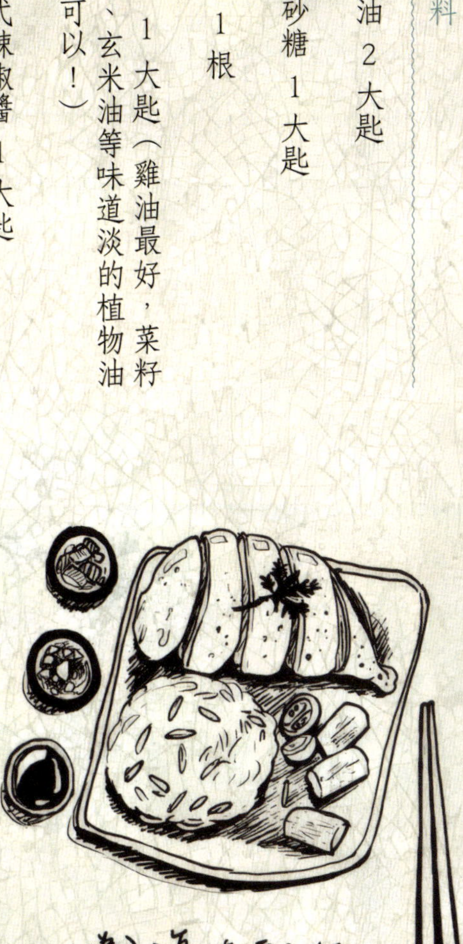

一起做吧！海南雞飯

Hainanese Chicken Rice

A 備料

1 雞腿排表面均勻抹上醃料，放冰箱醃漬 1 小時入味（也可以前一晚先醃）

B 烹煮

1 湯鍋中放入步驟 1 與冷水，水淹過肉約 3 公分，中火煮到沸騰後再煮 4 分鐘，關火悶 15 分鐘，撈起瀝乾冷藏（或冰鎮）

2 洗米，用雞腿高湯代替水煮飯（米：湯＝1：1），電鍋外鍋一杯水，跳起後悶 15 分鐘，再把飯翻鬆

C 調醬：等飯煮好的時間，就來調醬汁

1 甜醬油：醬油跟白砂糖（比例 2：1）融合均勻即可

2 蔥油醬：用廚房剪刀剪蔥花，鍋中燒熱油到冒泡，豪邁地淋在蔥花上

3 辣椒醬：拿出你愛的辣椒醬，或自製：生辣椒切碎，加上等比例的白醋、糖、水，與少許鹽巴混均勻（怕辣的請去籽）

D 組合

1 取出冰鎮的海南雞腿，雞皮塗上少許香油後切塊。小番茄切半、大黃瓜去皮去籽切成長方塊，和雞飯、雞腿一起擺盤，沾著喜愛的醬汁吃！

不能沒有你！靈魂食材篇

／雞飯／

吸飽雞汁的香米飯，是整道料理的靈魂。星馬當地的做法會先與紅蔥頭、薑蒜與雞油等等炒香，煮飯的時候再加上一束香蘭葉增添香氣。

不過，既然是有深度沒難度食譜，就讓我們抓住靈魂材料，用最簡單的方式做出異國香氣吧。

小撇步

Tips

1

請用泰國香米。請用泰國香米。請用泰國香米。很重要所以說三次。泰國香米＝茉莉香米（Jasmine Rice），超市、雜貨店都能買到，開封後香氣會逐漸消散，不常煮的話，建議買小包裝！

2

煮雞腿時連醃料一起煮，煮飯時以雞湯代水，讓肉、飯、湯的滋味融為一體。月桂葉亦可用香蘭、檸檬葉或香茅替代。超市有售小包裝月桂葉，其他香料則可以到東南亞超市（ＥＥＣ、華新街等等）或東南亞小吃店購買喔。

3

煮飯時也可以加一點薑黃粉，好看又好香♪

☆「塞呷」不負責任點評☆

★塞呷評比：唉唷喂呀連減澱粉的我都忍不住多吃兩碗飯

老實說，因為太喜歡了，我一直想在家做出道地的海南雞。但真正的海南雞需要一個能烹煮全雞的大鍋，因此，決定先用簡易的版本解解饞。清爽彈嫩的雞肉、香氣噴發的雞飯、缺一不可的三種沾醬，仗著秈稻好消化，忍不住就吃下三碗飯，啊～嘶～實在是滿腹舒爽。

★故事評比：離鄉背井的冒險滋味

好了！不要再吵了！不管海南雞飯是

來自馬來西亞或是新加坡，二十世紀初期，兩地都是英國殖民地英屬馬來亞，要說這道菜「本是同根生」也不為過。在熱帶樹影搖曳的炎熱大地上，懷抱夢想的人們乘船來到南方，開展新的生活；一切都如此新鮮陌生，又如此令他們想家。東南亞有華人的地方都有一碗冒著熱氣的「雞飯」，就像每個人心中，都有一個等待啟航的夢想。

美味度：★★★
儀式度：★★☆
囤貨度：★★★

2-4

凱薩沙拉｜Caesar Salad

料理小故事／卓皓右

食物攝影／Blacksmith

插畫 & 食譜料理／塞呷 Sai-Jia 阿吸

在墨西哥邊境，一個義大利移民遇上美國禁酒令

凱薩沙拉是全世界餐廳菜單上的常客，甚至連臺灣便利商店都有賣。很多人會因為這道料理的名字，誤以為它和那位歷史課本上的古羅馬帝國凱薩大帝（Julius Caesar）有關，或者錯認這是一道有著幾千年歷史傳統的古老料理。

這道以濃郁風味著稱的沙拉，雖然

背後的確有一段歷史，但卻遠遠比凱薩大帝要來的年輕許多，而且這道料理誕生的地點不在羅馬、不在歐洲，而是在墨西哥的堤華納（Tijuana）。

故老相傳，發明這道沙拉的人，確實也是一位凱薩——

他是義大利裔的美國移民，廚師凱薩卡迪尼（Caesar Cardini）。按照卡迪尼女兒的說法，一九二四年7月4日，源源不絕的美國觀光客跑來位於墨西哥堤華納的凱薩餐廳（The Caesar's），狂歡慶祝美國獨立紀念日，恰好廚房裡的材料用罄，但眼前還有大批醉茫茫、餓肚子的客人嗷嗷待哺，因此卡迪尼靈機一動，從手邊剩下的食材，變出了這道美味的沙拉。

（Source：julie aagaard）

凱薩沙拉（Source：bryan...／CC BY-SA 2.0）

想不到，這款隨手做的沙拉醬從此一炮而紅，成為今日北美洲乃至於全世界，幾乎任何一間現代超市都可以買到的沙拉醬，以及全球餐廳菜單上的一道經典料理。

幾乎沒有料理的起源故事只有一個版本，這道名滿天下的沙拉亦然。不過，卡迪尼的故事，卻呈現了一個大時代的縮影。

和其他南歐同鄉們的移民軌跡相似，卡迪尼應當是在一九〇〇年前後二十年，離開了位於北義的家鄉，飄洋過海踏上北美洲的土地。以廚師的身分踏上新大陸的卡迪尼，經過了一番移民艱辛的奮鬥之後，終於成功在加州擁有了幾間自己的餐廳。不過，也差不多是在他正準備要大展鴻圖之際，美國政府下令實施長達十三年的禁酒令——對於餐飲業者來說，這是堪比 COVID-19 的莫大衝擊，對卡迪尼來說也不例外。當時居住在南加聖地牙哥的卡迪尼，決定把事業重心轉移到只有數哩之隔的墨國邊境城市堤華納。

和今日墨國工業重鎮的形象相當不同，當時的堤華納，是一座美國人的假日花園。墨西哥在一九二〇年代依舊處在革命後的震盪時期，在堤華納這種邊境城市裡，各種管制都相對寬鬆，街上充滿放鬆歡愉的氣氛，和當時由基進新教徒主導、實施禁酒令、充滿了新教勤奮刻苦氛圍的美國日常截然不同，也因此在一九二〇年代吸引了很多美國人選擇在周末假期時來堤華納「鬆一下」，享受在街上演奏的音樂、合法賭博、便宜啤酒、美味 taco 和輕易取得的性服務等等。

卡迪尼正是看上此點，當禁酒令施行之後，就毅然決然地把事業重心移到緊鄰邊境的提華納，在熱鬧的革命大道（Avenida Revolución）上，開了自己的餐廳，而這裡，正是著名的凱薩沙拉的發源地。

卡迪尼的凱薩沙拉在這裡打出名氣，不過短短幾年，墨國在一九三〇年代開始逐漸整頓社會風氣、禁止賭博，對提華納的觀光業造成了巨大的衝擊，連帶的也影響到了位於中央區（Zona Centro）的餐飲業。也剛好在此時，美國的禁酒令結束，因此卡迪尼在一九三八年舉家遷回洛杉磯，並且在一九四〇年代末，為自己發明的「凱薩沙拉」註冊商標。

值得一提的是，時至今日，當初他發明凱薩沙拉的凱薩餐廳依舊還在提華納的革命大道上營運著，雖然已經變成旅館、也更名為凱薩飯店（Hotel Caesar's），但是這道凱薩沙拉依舊是現在的凱薩飯店的招牌料理，號稱保留了卡迪尼最初的原始配方。

如果你是凱薩沙拉的愛好者，那麼未來有機會前往墨西哥提華納一遊時，千萬不能忘記去拜訪這個凱薩沙拉的發源地，並且好好品嚐一下原汁原味、正宗製法的凱薩沙拉。

HotelCaesar 蒂華納的凱薩飯店是凱薩沙拉的發源地（Source：FateClub ／ CC BY-SA 3.0）

今日的凱薩飯店（作者自攝）

一起做吧！凱薩沙拉

Caesar Salad

準備材料（約 4 人份）

沙拉

蘿蔓生菜 2到3顆（一包通常有 4到5 顆）

麵包丁

法國長棍麵包 1/3 根（或吐司2片）

橄欖油 1 大匙

鹽巴 1 小匙

粗粒黑胡椒 少許

蒜頭 2 瓣，磨成泥

醬汁

桂冠輕沙拉 1條（100 g）

大蒜 2瓣，磨成泥

檸檬汁 2小匙

檸檬皮 少許，用磨泥器或小刀都可以刨下

粗粒黑胡椒 少許

芥末籽醬 1小匙

伍斯特醬 2小匙（可省略）

帕瑪森乳酪 1/3杯，約40 g（刨成細絲，或用起司粉）

建議使用器具：烤箱、洗菜濾水籃、磨泥器

凱薩沙拉

一起做吧！凱薩沙拉

Caesar Salad

A 麵包丁

1 烤箱預熱上下火200℃。

2 將法國麵包或吐司切成2公分方塊，麵包邊不切掉，和麵包丁材料混合均勻。

小撇步A：先將調味料與橄欖油混合後，再輕輕拌入麵包丁，味道會更均勻。

小撇步B：調味料要均勻沾裹麵包表面，微微濕潤，烤起來才會脆！不夠的話可再補點油。

3 將麵包丁攤平在烤盤上，烤10到12分鐘，烤好後立刻取出放涼。

小撇步：吃不完的麵包丁，裝進密封罐，可以在室溫存放一周。

B 生菜

1 切去蘿蔓生菜蒂頭，整葉洗淨後晾乾，冰鎮或冷藏。

C 醬汁

1 均勻混合所有醬汁材料，如果太稠可以加1小匙水。

2 取完整蘿蔓嫩葉擺盤，依序加上沙拉醬、麵包丁與帕馬森起司，完成！

不能沒有你！靈魂食材篇

／經典款沙拉醬！／

凱薩沙拉最早是一道在桌邊完成的料理，原始食譜中沒有鯷魚，沒有雞胸肉，沒有小番茄，主要使用生蛋、橄欖油、第戎芥末、檸檬汁、大蒜、伍斯特醬與帕馬森起司做成，和當今的美式風格差異頗大。但故事食譜要帶你用最輕鬆的方式，做出完勝 Costco 的凱薩沙拉。

小撇步

Tips

1 用現成沙拉醬當基底，不用手打美乃滋，還可以免去生雞蛋的衛生風險。選擇桂冠輕沙拉，是因為成分中較多「黃芥末」，很適合凱薩沙拉（ps：桂冠輕沙拉40％ off便利商店有售，跟桂冠沙拉Light（23％ off）不一樣喔）

2 第戎芥末／芥末籽醬是這個醬汁不可或缺的酸味，家樂福有售，在冰箱放一罐當常備醬，跟蔬菜魚肉豆腐都很搭。

3 買整塊帕馬森起司（Parmigiano Cheese），自己磨成細絲是最理想的選擇；如果怕吃不完，可以買家樂福的帕馬森起司碎片（100 g一盒），就有大勝起司粉的風味喔。

4 這款沙拉醬用來涼拌豆腐也很美味，密封冷藏建議7天內吃完，不建議冷凍。

☆「塞呷」不負責任點評☆

★故事評比：還有什麼比它更滋味豐富

一戰前，國內經濟動盪的義大利，吹起移民美國的風潮；二十世紀之交，有超過450

萬義大利人遠渡重洋赴美。而卡迪尼的凱薩沙拉故事，在義大利裔移民的繽紛美國夢之外，還揉雜了保守主義禁酒令、美墨邊境的舊日狂歡……這道料理誕生的背景，簡直比沙拉醬本身的滋味更濃郁豐富！

★塞呷評比：去買一塊好吃的帕馬森起司吧

製作前，我看著常見的凱薩醬食譜，苦惱地想：這根本不是家常食材的清單啊。好禮佳在，最後綜合各種食譜，簡化了步驟與食材，只需要買一塊帕馬森起司，就能做出完美的凱薩沙拉；吃不完的，還可以隨時放在桌邊，奢侈假掰地刨個兩下，超棒的吧。

美味度：★★★
儀式度：★★★
囤貨度：★★★

2-5 美國通心粉｜Mac n Cheese

料理小故事／周品華

食物攝影／Blacksmith

插畫＆食譜料理／塞呷 Sai-Jia 阿吸

一道濃縮了黑奴、二戰、現代職業女性的溫暖療癒料理

你吃過美國通心粉（Macaroni and Cheese），俗稱 Mac n Cheese 嗎？小巧可愛的通心粉配上香味濃郁的起司，一直是美國餐廳隨處可見也最受歡迎的配餐，但你知道嗎，這個看起來「呷粗飽」的平民美食，曾是出現在美國國宴上、宴請達官貴人的美味佳餚！

關於 Mac n Cheese 的起源，

並沒有一個確切說法，但「起司＋義大利麵」兩者結合在一起的作法，可以追溯到十四、十五世紀的義大利。在當時，對「高貴食物」的想像常常是將這兩者結合在一起。比如說：在世界上最古老的義大利食譜書之一、十四世紀的 Liber de Coquina 中，就可以找到" de lasanis" 這道菜，做法是將麵片割成5公分左右的大小煮熟，然後撒上磨碎的起司攪拌。（許多歷史學家認為這道菜是後來 Mac n Cheese 的老祖宗。）

然而，這位老祖宗之所會成為美國標誌性的食物，或許可以歸功於美國眾多的「國父」之一——湯瑪士傑佛遜（Thomas Jefferson）。傳言傑佛遜於十八世紀末擔任美國總統時，在參訪歐洲的旅途中，無意間吃

美國經典的卡夫特晚餐（Source：Matt Mets ／ CC BY-SA 2.0）

到一款驚天地泣鬼神的義大利麵，這道餐點之黯然銷魂，使他不僅把食譜，甚至整檯製麵機也都扛回了維吉尼亞，身體力行真正的「小孩子才做選擇」，讓美國大陸上的人們也能享受如此美味的料理。這道讓他流連忘返的美食，也理所當然地成為了一八〇二年總統國宴上的亮點。

但根據飲食史家 Andrian Miller 的研究，我們其實應該將這個亮點，歸功於這位耀眼的美國爸爸背後，不起眼的黑人家奴主廚—— James Hemings。

James Hemings 才是真的學會做出美國通心粉、勞心勞力的大廚。更重要的是，在這道歐洲菜中，Hemings 加入了自身的文化，使用偏向非洲菜系的調味，並將其傳承給其他掌廚的非裔奴僕。漸漸地，美國通心粉流傳於南方非裔社群中，直到現在，它在美國南方依舊是非裔美國人慶祝

黑人家奴主廚—— James Hemings（詹姆斯·海明斯）
（Source：wikipedia ／公有領域）

和舉辦派對時的重要餐點。他們至今仍然會說，白人將他們的 Mac n Cheese 給偷走了，就像他們偷走了搖滾樂（Rock n Roll）一般。

這樣看待美國通心粉，也就讓它的歷史立體了起來。畢竟，就算官方故事再怎麼誇讚傑佛遜不僅是美國爸爸也是通心粉老爹，又或者說他女兒瑪莎（Martha Randolph）如何使用帕瑪森起司神之手般地做出這道料理，似乎都離歷史事實有段距離——事實上，富裕的他們根本不需要自己下廚，真正掌握這些食譜與食材的，是廚房裡辛勤工作的非裔廚師。所以要說美國通心粉真正的幕後推手，應該是這些因被奴役而見不得光、在起源的故事裡失去了自己源起的非裔廚師們。可以說，非裔美國人對美國飲食文化形塑的巨大影響，以及被壓抑的聲音，從這道 Mac n Cheese 便能略知一二。

另一個美國通心粉盛行的可能原因，則是國際知名的食品公司卡夫特（Kraft food）在二十世紀將它做成方便包裝、儲存、運送的罐裝即食產品。

那是一九三七年，美國經濟大蕭條的時代，在當時你可以用19分美元——即使算上通膨也是俗擱大碗到令人髮指的數字——買到一組4罐的美國通心粉，一年的銷售量飆破800萬罐，可見人們當時有多麼依賴它。而所謂卡夫特晚餐（“Kraft Dinner”），也就是以美國通心粉為主的「碳水大雜燴」，直接成為口袋不深的大學生飲食首選。在這天時地利人和的組合下，Mac n Cheese 就這麼成為時代的經典，也成為美國人「攝取便宜蛋白質」最佳來源。

隨著歷史發展，美國通心粉逐漸擄獲了美國人的心與胃。簡單、易攜帶、保存期長的特性讓它成為二戰期間美軍的好幫手，給予在外遠征的士兵足夠的蛋白質、碳水、熱量，以及濃濃的「家鄉味」，帶給他們強烈的心理安慰；到了一九六〇、一九七〇年代，女性的工作慢慢從家庭轉移到工廠，Mac n Cheese 成為一邊工作又要一邊為孩子做飯的媽媽們的一大福音（嗚，媽媽怎麼那麼辛苦）。因為快速又容易操作（打開、倒出來，微波，完成！），甚至連家裡的大孩子都能自行打理，美國通心粉也就成為居家旅行的必備晚餐。

Mac n Cheese 在美國人心中之地位不朽，直到現在，儘管這道料理在許多人心中可能只是平凡的廉價小吃——也許就像臺灣滷肉飯那般——但美國的大廚們依舊樂此不疲，努力想著各種花樣，希望讓它晉升到不同層次。紐約專做各式美國通心粉的 S'MAC 餐廳就是個很好的例子。

但甚麼是「好吃」的美國通心粉呢？這個定義也許很出乎意料。在一次舊金山舉辦的美國通心粉大賽中，許多頂尖名廚爭先恐後地想讓美國通心粉成為精緻料理中的餐

卡夫特食品公司出品的美國通心粉，總是會讓美國人想起童年（Source：Mike Mozart ／ CC BY 2.0）

美國經典的卡夫特晚餐（Source：Andrew Dobrow ／ CC BY 2.0）

盤，用上各式各樣的昂貴起司，如布里（Brie）、陳年佛蒙特切達（Aged Vermont Cheddar）來製作，但出人意外地，觀眾票選第一名的 Mac n Cheese，使用的卻是最廉價的 Velveeta——也就是卡夫特公司當年所使用的主原料起司粉。

或許大多數美國人一輩子都沒吃過所謂用「真的」起司做的美國通心粉，他們的味蕾已經習慣工廠大量製造的加工起司，所以用料再怎麼天然純正，他們也無法真正享受這些「高品質」、擺盤精緻的通心粉。就好像有些從小吃乳瑪琳長大的長輩們，這輩子從來沒吃過真正的奶油，現在吃到奶油本油還會嫌

它「走味」了，少了一個童年的回憶，正是同一個道理。

但也許，美國通心粉的迷人之處也正在於此。它是美國文化的一個縮影，有人拿它果腹，有人視為主菜，它是信手拈來的街邊美食、也是文化慶典中的靈魂饗宴，它的香味飄散於美國不同階層與種族之間，人人都有自己最經典的選擇。但無論如何，貫穿在大家的認知裡、唯一不分階層種族的價值，就是 Mac n Cheese 做為一種撫慰人心的食物（comfort food），什麼時候吃都能爽到笑嗨嗨，這也許是它歷久彌新的主要原因吧！

一起做吧！美國通心粉
Mac n Cheese

準備材料（約6到8人份）

通心粉

通心粉 250 g

無鹽奶油 15 g

〔貝夏美醬 Sauce b chamel〕

無鹽奶油 60 g

麵粉 80 ml（低筋、中筋皆可）

全脂鮮奶 750 ml（加熱至微溫）

披薩起司絲 300 g

大蒜 1 瓣，磨成泥

黃芥末 1 大匙

鹽巴 3/4 小匙

酥頂

麵包粉 40 g

無鹽奶油 30 g（加熱融化）

鹽巴 1/4 小匙

建議使用器具：烤箱、深烤皿、平底鍋、（煮麵用）深湯鍋

一起做吧！美國通心粉
Mac n Cheese

A 通心粉&酥頂

1 煮一鍋滾水，加入 1 大匙鹽與橄欖油，煮通心粉（比包裝指示早 2 分鐘撈起）

2 瀝乾通心粉，盛至另一個鍋子，加入奶油輕拌均勻，放涼

3 將所有〔酥頂〕食材拌勻

B 起司醬汁

4 預熱烤箱（上下火 180 ℃）。平底鍋融化奶油，加入麵粉，用小火炒約 1 分鐘

5 加入 100 ml 溫鮮奶與麵粉糊混合均勻，再分次加入所有鮮奶，持續攪拌直到滑順

小撇步：先加熱鮮奶至微溫，加入麵粉糊時才不會結塊

加入起司絲之外的醬汁食材，小火煮 5到8 分鐘，期間持續攪拌，直到醬汁可以包覆湯匙背面的濃稠度

C 組合！

6 熄火，將起司絲拌入奶醬，再與通心粉拌勻後倒入烤皿，均勻撒上酥頂

7 放進烤箱烤 25 分鐘，直到頂部酥脆上色，完成！

注1：步驟 1到7 可以前一天準備好冷藏，飯前一小時拿出冰箱，回溫 30 分鐘後再烤就好囉！

注2：一餐吃不完？最好吃的加熱法：微波2分鐘，再用小烤箱烤 2到3 分鐘到酥脆。

不能沒有你！靈魂食材篇

／起司白醬！／

讓起司通心粉罪惡值＆療癒感滿點的靈魂，就是它濃郁牽絲的起司白醬！

起司白醬的基底「貝夏美醬」，是法式料理的五大基礎醬汁之一，以麵粉糊與鮮奶為原料。

而貝夏美醬加上起司，就是今天的靈魂食材，起司白醬！

小撇步 Tips

1 這道料理中，起司帶來兩種效果：濃郁奶味＆牽絲口感。你可以選擇綜合披薩起司絲，或是「搞剛」點買兩種起司回家刨絲。奶味選擇可融化的切達、高達，牽絲口感則推薦不融化的莫札瑞拉（Mozzarella）或艾曼塔（Emmental）。

2 為什麼不建議用披薩起司絲？披薩起司為了避免結塊，常會添加澱粉，因此融化後會讓醬汁有粉粉的口感，不夠滑順愉悅。

3 加入起司前的「貝夏美醬」就是法式白醬，一次煮多一點保存，煮白醬義大利麵、配鮭魚、雞肉或蔬菜都很適合。

4 醬汁中的黃芥末是關鍵！它的酸味可以平衡奶醬的油膩，除此之外，也可以加入喜歡的黑胡椒、荳蔻粉等香料來增加層次。

☆「塞呷」不負責任點評☆

★塞呷評比：心靈健康料理，就決定是你了

這道菜在美國是媽媽的救星，孩子的療癒獎賞（就像小時候考100分可以吃麥當勞一樣）。我最喜歡它可以前一天備好料，隔天丟進烤箱就能從容上桌，根本完美懶人料

理。比起生理上的「罪惡感」，我更想稱起司通心粉為促進「心靈健康」的一道菜。

★故事評比：姐吃的不是通心粉，而是一種家的回憶

但凡對身體有害的東西，通常都對靈魂有益，我想 Mac n Cheese 就是這樣一個典型——像臺灣魯肉飯，即使妳知道它就是個熱量炸彈，但在某些心靈特別脆弱的時刻（通常是夜晚或宿醉時），就是會非常渴望來一碗——那味道讓妳覺得溫暖如回家。這樣的療癒食物，背後通常也都有一段牽動時代軌跡的故事，像 Mac n Cheese，凝聚著數代人的共同記憶。

美味度：★★☆
儀式度：★★☆
囤貨度：★★★

Chapter 3

三

你有一個新回憶：臺味原來如此

Breakfast Shop

3-1

西式早餐店

西式早餐店如何攻佔臺灣大街小巷？從反共、美援到大加盟時代，臺味早餐事件簿

作者／林聖峰

說到臺灣街頭上最常見的風景，除了隨處可見的便利商店大亂鬥之外，最吸睛的就是三步一間的早餐店——美而美、美又美、早安美芝城、麥味登，漢堡、鐵板麵、三明治、大冰奶。店名眼花撩亂，菜單大同小異。

不知從何時開始，這些販售西式餐點的連鎖早餐店，成為「臺灣味」的代名詞，深深紮根在地；如今想到早餐，我們心中已無法揮去西式連鎖早餐店的身影。

究竟為什麼臺灣的西式早餐店會如此之多，密度與連鎖超商比肩？而漢堡、三明治這類西方人的美食，又為何會成為臺灣人早餐餐桌上的常客？

想回答這些問題，或許，我們可以從一九五〇年代「早餐」地位的急速竄升開始談起……

第一張底片：想打贏中國，先吃一頓營養的早餐吧！

在臺灣，早餐的地位不是從一開始就那麼神聖的，轉捩點發生在一九四九年國民黨來臺。一九四九年國民黨流亡到臺灣之後，「國民營養」成為重要施政課題：因為準備與中共長期對峙，臺島人民的身體素質，就等同於中華民國的「國力」和「戰力」，必須認真以待。

在這樣的背景下，美國開始補助農復會、國防醫學院在全臺各地推動各種營養學實驗。例如一九五一年，美國提供了160公噸黃豆實驗如何改善臺灣軍民營養，並利用此次機會深入調查國民營養及健康狀況，根據試驗結果制定國民營養標準——也就是我們現在很熟悉的基礎代謝率、各年齡的標準身高體重、正常血色素指數與血漿蛋白等。

而在國家推動「營養政策」的風潮下，不少報章也開始呼籲國民注重早餐的重要性，強調身為「每日第一餐」的早餐一定要既營養又豐富。翻開一九五四年的《聯合報》副刊，上頭這麼寫著：

過去筆者曾和一位專家談話，據說，早餐竟是一天中最重要的一餐，對早餐過份節約，可影響及一天中的工作效率和情緒的下降……細想一下，早晨的一碗稀粥實在不足以供給他半天來的消耗。但，假如那一天的早餐是特別豐富的話，中午肚餓的現象也就不再發生了。

被冠上了響亮的「營養」之名，早餐的地位，就是從這時開始突飛猛進的。那何謂營養均衡的早餐呢？一九六〇年一篇《中國時報》的報導詳細說明：除了要有稀飯、乾飯、饅頭、麵條其中一項碳水化合物外，更要搭配少量的魚、肉、蛋、豆類或豆腐，炒一碟新鮮的蔬菜或飯後吃些水果以提供身體所需的蛋白質和維生素，再喝杯脫脂奶或豆漿使礦物質不致缺乏，同時為保持營養成分的均衡，兒童每天早餐所吃的食物宜時常加以更換，使食物鮮美，以增進食慾、幫助消化……

讀完這串是否覺得營養好難、頭昏腦脹了呢？別擔心，美國來幫你！以美援小麥和奶粉製成的麵食和牛奶，在此時期也成為營養豐富的代表，獲得臺美政府的大力推廣。

首先，在各小學推動至今依舊存在的營養午餐；不久之後，又接著推行「營養早餐」，一九六六年起由臺灣省乳業發展小組鮮乳供銷專組和臺灣麵食中心統一供應價廉物美的營養早餐，以免除主婦每天清晨趕做早飯的麻煩。營養早餐的內容物如下：一瓶180 c.c.的鮮乳、一個70到90公分的水果麵包或雞蛋奶油麵包，定價新臺幣兩元五角。

從那時起，「牛奶配麵包」便成為臺灣

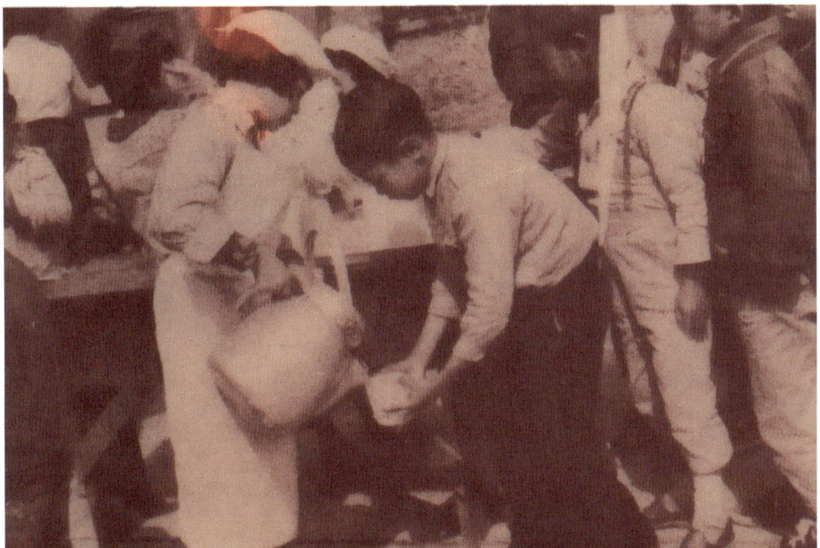

1960 年代美國提供約二千八百餘噸的脫脂奶粉給臺灣，為方便有效分配奶粉，於是在人口集中的地區設立牛奶供應站，圖為馬祖的牛奶供應站。（Source：國家文化記憶庫）

鐵鍋蛋餅（Source：Photographyplayers (Harvard Hsieh) ／ CC BY 2.0)

人心目中最經典的西式早餐組合。同樣深受美國影響的，除了牛奶與麵包的王道組合外，還有臺灣早餐店常見的漢堡、三明治等西式餐點，它們和當時的駐臺美軍有關。

一九五〇年韓戰爆發，美國總統杜魯門派遣第七艦隊協防臺灣，大批美國軍人、行政官僚湧入臺灣島內。為了滿足老美的口腹之欲，政府不但開辦西餐人員訓練班，指導臺灣師傅做出道地的美式西餐，路上店家也紛紛推出各式西點。例如老臺北人耳熟能詳、原店在中山北路上的「福利麵包店」，便主打三種風味不同的「郊遊餐盒」，價格分別是新臺幣40元、35元和30元，其中A餐盒有四分之一塊炸雞塊、什錦沙拉、火腿三明治、鮮肉餐包、雞蛋、水果、口香糖等，B餐盒重點是炸雞塊，C餐盒除了8盎司的豬排一塊外還有熱狗、雞蛋糕和滷蛋。此時的西點餐盒，已和今日臺灣街頭西式早餐店的菜單有異曲同工之妙了。

第二張底片：早餐店霸主「美而美」的加盟創業經

時間快轉到一九八二年，一位生活在臺北的受薪階級林坤炎剛貸了一百萬鉅款買房子。買房子當然是件喜事，但要靠薪水還債實在頗為吃力，於是，林坤炎開始認真考慮創業。

創什麼業好呢？他想起自己最愛吃的三明治和漢堡，做起來快速又美味，應該會深受忙碌的臺北人歡迎吧！一開始林坤炎仿效美國棒球場的熱狗小賣鋪在棒球場邊販賣，但效果並不好；後來他改開著小餐車到臺北私立育達高職校門口，生意出

總匯三明治（Source：bryan...／CC BY-SA 2.0）

乎意外地好了起來。累積了一筆資金後，林坤炎在八德路上開設了一家早餐店——這，就是如今遍佈街頭巷尾的「美而美早餐店」的創始故事。

林坤炎創業的時候，正趕上臺灣連鎖加盟興起的年代。一九八〇年代麥當勞等美式速食店進駐臺島後，分店的大量開設、標準化的食物製程和乾淨的店面大大衝擊了臺灣的餐飲市場，許多外食店被迫轉型，模仿麥當勞的經營方式。根據統計，一九八〇年餐飲市場僅有五類（速食、港式點心、中式餐廳、火鍋、西餐）約7家不同品牌的連鎖店，總店數只有29家；但到了一九九六年，連鎖品牌遽增為73家共2082間店，進入連鎖加盟的時代。

蛋＋蘿蔔糕（Source：bryan...／CC BY-SA 2.0）

販賣著平價三明治和漢堡的美而美也不例外：他們會先在學校、補習班等學生必經之地開設店面，配備統一的桌椅設備、裝潢和招牌，每個漢堡只賣20元，加蛋25元，搭上一杯10元的奶茶，一個月經營下來，營業額和利潤都頗為可觀。待美而美直營數月打下基礎，建立標準化的營業流程和知名度後，隨即轉讓讓給其他有意願接手的加盟業者，經營者每月需付給美而美1000元招牌使用費、2000元技術指導費和配料及商品供應費。

靠著連鎖加盟的形式，美而美快速擴張，短短四年在臺北地區加盟店就已多達60餘家，六年後更破了一千店大關。

一九八六年，受青輔會之邀擔任「黃金店面新主人」創業講座講者的林坤炎，和眾人說明他「速簡早餐店」的經營理念。其中最重要的一點，就是採速食店的標準化經營方式，「希望做到食物規格化、固定化的經營目標，……設定出一套完整的課程，包括財務管理、顧客的接待、調理

創業輔導叢書一四一⑰

黃金店面新主人
速簡早餐店

主講：巨林美而美早餐店董事長
林坤炎
整理：經濟日報記者
黃淑麗

行政院青年輔導委員會印行

林坤炎主講的「如何開設早餐店」講稿
（Source：作者翻攝）

的內容，不僅工作人員需要依工作性質加以訓練，每一個負責人更得接受員工所受的全部訓練，如此才能深入基層了解問題」。

這套規劃確實非常有效，透過中央廚房和員工訓練確保餐點的品質和數量，就連弘爺漢堡創辦人許倉賓早年加盟美而美時，都曾請太太到美而美接受早餐店開設訓練。而在這樣的經營理念下，餐廳的廚師也不再是「師傅」，不再是需要多年養成的達人，更接近於流水線上的工人：

傳統的廚師制度，會造成大廚拿翹的頭痛問題，而快速早餐店的營運，主廚只是一位專業的管理員……每個員工只要稍加訓練可以充當掌廚，因此所有的製作方式該用什麼配料、多少、時間長短，都有一定的方式。

第三張底片：青年創業與食品工業，共創臺灣早餐店盛世

而美而美急速擴張的時期，也呼應了臺灣經濟起飛的創業風潮。從一九六〇年代末起，政府開始鼓勵青年創業，行政院青年輔導委員會提撥一千萬作為青年創業基金，提供青年免保貸款。

當國家政策逐漸從總動員朝向經濟發展，青年，便不再是「反攻復國」的號召，搖身一變成了發展經濟的火車頭，西式早餐店因此一躍成為許多青年上班族辭職創業的好選擇。以一九九七年《聯合報》的報導來看，基本裝潢和生財設備只需要20到30萬元，堪稱小本生意，技術也不複雜；再加上由於食品工業的進步，加盟體系都會提供中央廚房準備的冷凍食材，必要的備料和營業人手通常兩人即可，因此不少夫婦共同創業，至多巔峰時段加請一、二位工讀生。

正因為這種「輕薄短小」的特性，吸引眾多業者積極投入，並發展出各種品牌以加盟方式進軍市場：弘爺漢堡和巨森早餐吧都曾加盟美而美，除了美而美體系之外，還有

同為西式連鎖早餐店的早安美芝城於 1983 年左右創立時也取名叫「美而美」，直到 1995 年才改名為美芝城。（Source：Macc2635678 ／ CC BY-SA 4.0）

麥味登、吉得堡早餐、康迪麥……

在這波早餐店熱潮中，食品工業——尤其是冷凍食品技術——的技術也是一大推手。透過冷凍食品搭配烤箱等設備，有利於產品的大量製作和標準化，使加盟體系能確保食物品質的穩定。一九六〇年代起，為了推廣臺灣農產品的外銷，冷凍保存逐漸取代罐頭加工，成為政府重點扶持的產業對象；在眾多冷凍食品中，又以冷凍蛋餅皮和蔥油餅最受歡迎，而這兩項也恰是多數早餐店的主打菜單。

尾片：西式早餐店，最熟悉的好滋味

回顧一九八〇年代開始興盛的西式早餐店，它們的出現並非偶然，從一九五〇年代政府開始推廣營養學知識、駐臺美軍帶入的西式餐點，一九七〇年代青年政策調整轉型、食品科技發展成熟，到一九八〇年代逐步發展的「連鎖加盟」商業模式，在在都為美而美、麥味登等早餐店的出現鋪路。

就這樣，臺灣的街頭巷尾，一步步被西式早餐店攻佔了。

早安美芝城第一代店型（Source：Macc2635678 ／ CC BY-SA 4.0）

早安美芝城第二代店型（Source：Solomon203 ／ CC BY-SA4.0）

Peas, Corn, and Carrots

3-2

三色豆

作者／林聖峰

為什麼炒飯裡總是有它的身影？令人討厭的三色豆的一生

三色豆aka便當大魔王，豌豆、紅蘿蔔和玉米這再尋常不過的組合，是許多人的外食惡夢。

這神奇的組合究竟是怎麼來的？

一九三〇年代，發明冷凍食品技術的克拉倫斯·伯宰（Clarence Birdseye）研發出最早的三色豆，為冬季時蔬菜難以生長的寒帶地區提供穩定的營養來源。據說伯宰之所以領悟到快速冷凍能使食品保鮮的訣竅，是因為他邂逅了會在厚厚冰層下冰魚的因紐特人。伯宰發現，這些在零下數十度的天氣裡迅速結凍的鮮魚，解凍後竟然還新鮮美味，顯然低溫保鮮是門有利可圖的技術——往後，他也確實創立了自己的冷凍食品品牌，靠這門技術賺了大錢。

OK，故事說到這裡，你發現疑點在哪了嗎？

三色豆「為寒帶地區補充蔬菜營養」，聽起來很有道理，問題是，臺灣明明不是寒帶氣候，為什麼三色豆會如此常見呢？三色豆如何走進臺灣的家庭配菜、營養午餐中，甚至一步步成為外食最經典的食材？

答案就是……

第一張底片：什麼，冷凍蔬菜前途無量？

要談三色豆，我們不妨先從三色豆的大家長——冷凍蔬菜聊起。臺灣的冷凍蔬菜從一九六〇年代開始萌芽，而且備受國家的支持與推崇。

例如，中國農村復興聯合委員會（以下簡稱農復會）的處長何衛明在一九六七年鄭重其事地告訴記者——冷凍蔬菜，是一項「最有發展前途的新興事業」。

他的根據是，彼時歐美家庭家家戶戶普遍坐擁冰箱與冷凍庫，囤積冷凍蔬菜不是夢。由此可見，國家推廣冷凍蔬菜的最初目的，是以外銷為導向，打造臺灣的經濟支柱。（順帶一提，雖然一九六〇年代臺灣的冰箱普及率還是很低，但總算從「奢侈品」之列除名，買冰箱不用再額外繳稅，使冰箱逐漸走入臺灣人的日常生活中。）

這並非單一農業專家的意見，許多人都看到了冷凍蔬菜閃亮誘人的前景。不久後，農復會另一位專家李秀，甚至羅列了一串清單，指出臺灣適合冷凍加工的蔬菜種類，包括：綠色蘆筍、洋菇、白花菜、青花菜、抱子甘藍、皇帝豆（菜瑪豆）、四季豆、菠菜和什錦蔬菜……在李秀開列的名單中，不難發現，此時農復會所挑選的冷凍蔬菜中已能看見往後三色豆的影子——豆類和混合蔬菜。

雖說主力是外銷，但內銷也不能放過，為了調節蔬菜的供應，只要將盛產季節的蔬菜經過冷凍加工，就能夠一路賣到淡季穩定菜價。問題是，大家對冷凍蔬菜買單嗎？

為了找出這個問題的答案，一九六九年7月16日，就在臺北最炎熱的時節，農復會首先和金山農場合作，在14個供應中心嘗試銷售5種冷凍蔬菜來試試水溫。豈知這一試竟大受歡迎——綠蘆筍、結球白菜、芥藍和花椰菜通通銷售一空！其中，最熱銷的是芥藍菜和花椰菜，只有抱子甘藍一般人比較不熟悉（西餐的配菜裡總有它），所以銷路較差。

這熱絡的銷售大大鼓舞了農復會，於是農復會再接再厲，繼續推動國內的冷凍蔬菜市場，將零售店擴增為60家、提供高達18種冷凍蔬菜，總計銷售約70公噸，大概有……15隻亞洲象那麼重。

第二張底片：所以說，為什麼三色豆是豌豆、玉米加紅蘿蔔？

剛剛提到，此時期除了單一蔬菜的冷凍加工之外，市面上也開始出現冷凍的混合蔬菜，是為三色豆的前身。

例如一九六八年，外銷的農產品罐頭中冒出了一種新的混合蔬菜罐頭，名叫「SUKIYA KI-NO-TOMC」，以竹筍片、冬粉和草菇混合製成（聽起來好好吃），目的地是美國。到了一九七〇年代，各式各樣的混合蔬菜傾巢而出：豌豆摻混少量荸薺、洋菇或綠豆芽，鳳梨混雜櫻桃……不久，冷凍豌豆混搭其他蔬果，就慢慢擠下其它對手，成為冷凍蔬菜的大宗。

除此之外，「食品工業研究所」在一九七三年推出冷凍混合蔬菜：洋菇20％（整粒切片）、蘆筍15％（切丁）、豌豆15％、荸薺15％、胡蘿蔔20％及玉米筍10％，這份食譜簡直料好實在，比當今三色豆還要豐富營養許多。又過了幾年，食品工業研究所和省物資局更合作組成了「冷凍蔬菜發展小組」，為了調節蔬菜的淡旺季難題並疏解颱風來襲時缺菜的窘境，將原本主打外銷的冷凍蔬菜挪至內銷以供應國內市場，其中就有豌豆和玉米粒的混合蔬菜，離今日所熟知的三色豆很接近了！

這波混合蔬菜交由臺灣區果菜公司直營的延吉市場試銷。不到一年後，延吉市場開始販賣小包裝的水果及冷凍蔬菜，其中有一款「混合蔬菜三號」，每包300公克、200元，內容物赫然是——紅蘿蔔、玉米粒和碗豆。登登，這就是最早關於冷凍三色豆的明確記錄！顯然食品工業研究所重新調整了混合蔬菜的配方，成為日後人人都愛（害）吃（怕）

的三色豆。

從農委會到食品工業研究所，經過這一連串循線追索的歷程，我們發現：到了一九八〇年代，包括三色豆在內的冷凍蔬菜已不單單是為了外銷出口而存在，也開始在菜市場、各類推廣會上出沒。就連大名鼎鼎的食譜作家傅培梅，都曾在主婦聖經《家庭月刊》上推出冷凍蔬菜食譜，比如以三色豆搭配小黃瓜再加入美乃滋混合攪拌而成的「什錦沙拉」，三色豆，已正式躍升為家庭備菜的重要角色。

第三張底片：三色豆的身影，開始無孔不入

此時期大量搶佔市場的三色豆，會為我們

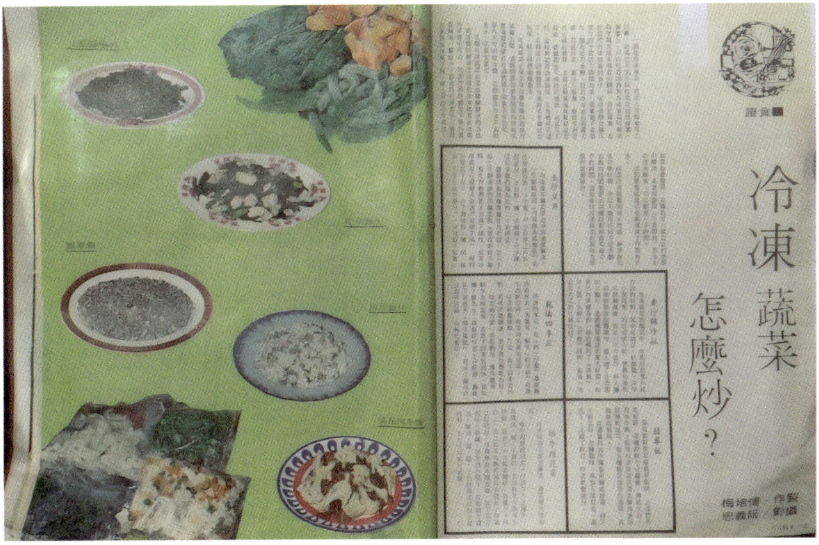

傅培梅在《家庭月刊》上刊登的冷凍食品食譜，從圖片中可發現許多道料理都是以三色豆入菜。（Source：作者翻拍自《家庭月刊》）

的料理帶來什麼新火花呢？

除了作為烹飪食材外，三色豆最頻繁出現的場合是與其他冷凍調理食品搭配，例如蔬菜雞塊——這裡的「蔬菜」指的當然就是三色豆，將三色豆混進美味的炸雞塊中，頓時成為誘哄小孩吃青菜的好幫手。

而到了一九九〇年代，隨著臺灣經濟一飛沖天，人們錢賺飽飽的同時，對飲食的追求自然也更上一層樓。以往象徵高級的排餐進入平價競爭的白熱化時期，市場上開始出現各式冷凍或冷藏牛排——然後，沒錯，三色豆又出場了。

由聯華公司（我們熟悉的萬歲牌、可樂果都是它的旗下品牌）率先推出微波系列排餐，打著「吃牛排，不必上街」的口號搶攻平價、

三色豆套餐（Source：Alpha ／ CC BY-SA 2.0）

家庭牛排市場。無論是腓力、紐約客、紐西蘭沙朗還是美國沙朗，各種不同部位的牛肉一律搭配通心麵和冷凍蔬菜，其中冷凍蔬菜清一色都是三色豆或花椰菜、玉米粒等。

不只西餐，三色豆也會在中式餐點中出現。一九八〇年代末，冷凍食品界除了常見的火鍋料和水餃外，又多了另一項主力商品：中式米食。

之所以要力推臺灣人吃米，主因是一九七三年第一次石油危機導致國際糧食價格上漲，為了穩定糧食的價格，政府推出了糧食平準基金大量收購稻米。不過，此舉雖保障了農民的基本收益，卻也導致稻米產量供過於求。因此發展米食加工、推廣米食就成為農委會的重要工作之一。

一九九二年，農委會和冷凍食品發展協會合作，將該年5月訂為「冷凍調理米食推廣月」，推出一系列推銷活動：和臺北地區20家大型超級市場共同舉辦「調理冷凍米食」商品陳列創意大賽；在各大賣場安排試吃冷凍炒飯、冷凍米苔目、冷凍蘿蔔糕和冷凍飯糰等；提供各項精美紀念品……

在這一波米食風潮中，三色豆成為了米食之外的頭號主角。市面上出現各種冠以「什錦」之名的米食——什錦炒飯、什錦炒米粉和什錦飯糰，而這所謂的「什錦」，無一例外都是三色（或兩色）豆。

尾片：無論喜不喜歡，都是回憶的一部分

而對許多人來說，三色豆之所以成為刻骨銘心（？）的回憶，是因為它也常是學生時代營養午餐的座上賓。一九八〇年代，營養午餐團膳業者崛起，對於經費有限、時間又緊迫的備餐者而言，三色豆既容易保存、又比生鮮蔬菜便宜，處理起來更是毫不費力，堪稱營養午餐最佳良伴。

……至於這如何成為一代莘莘學子的午餐惡夢，那就是另一個故事了。

在這篇短文中，我們追溯了不起眼的三色豆的故事。在日漸繁忙的臺灣，包括三色豆在內的冷凍食品，成為家庭煮婦（夫）、校園團膳和外食餐廳業必備的食材，也深入臺灣社會，成為這三十年來臺灣人共同的回憶。下回嫌棄三色豆之前，讓我們再回味一次它的來時路吧！

227 三色豆

Turkey Rice

3-3

火雞肉飯

作者／shain 子墨

嘉義為什麼有火雞肉飯？平民美食進化成國宴料理，從臺灣火雞養殖的故事說起

「唯有吃過嘉義的火雞肉飯，你才知道什麼是真正的火雞肉飯。」

——一位不願具名的朋友

作為嘉義最富盛名的小吃，沒在嘉義吃過火雞肉飯的人大概不敢稱自己到過嘉義。如今，火雞肉飯的熱潮就跟永和豆漿大王一樣已蔓延至全臺，不但在嘉義24小時都能吃到美味的火雞肉飯，出了嘉義，各地也都能聞到火雞肉飯的香氣。

實際走訪嘉義才從老一輩口中得知，火雞肉飯可不是憑空冒出來的，它的前身是「雞肉絲飯」。戰後初期，由於通貨膨脹、物價飆漲，臺灣社會物質條件普遍不高，雞肉是許多家庭逢年過節才有機會吃到的食材。於是，嘉義有店家靈機一動，懷著「讓人們平日也能吃到雞肉」的念想，將少量雞肉製成絲並配上醬汁與白飯，香噴噴的「雞肉絲飯」就此問世，成為那年代嘉義飯桌文化的新寵。

然而，即便是平價開賣的雞肉飯也並非人人都吃得起，在那連米飯都顯奢侈的時期，一般家庭餐桌上更常見的，是屬於爺爺奶奶那一代人記憶裡的番薯

雞肉絲飯（Source：bryan...／CC BY-SA 2.0）

籤。

當時不僅外食人口不多，賣雞肉絲飯的店家也屈指可數，更未出現今日的火雞肉飯——所以說，為什麼雞肉絲飯會蛻變成為火雞肉飯？而嘉義雞肉飯究竟是何時開始流行的呢？

第一張底片：謝謝感恩節，我們開始養更多火雞

事實上，臺灣早在日治時期就開始養殖火雞了，只不過一開始並不是為了滿足人的口腹之慾，而是被當做可欣賞的寵物。

直到總督府與各州廳農事試驗場大力推廣，火雞的食用性才逐漸受到重視；到了一九三〇年代，全臺已飼育高達4000多隻火雞，官方和學者紛紛研究火雞的飼養方法。有趣的是，為了避免過冷、過熱或過於潮濕的環境，當時的火雞飼養主要分布於西部海岸與宜蘭，至於嘉義，則並未扮演領頭羊的角色。

而到了戰後，火雞飼養並未因政權交替而趨緩，反倒搭上時代的順風車，進入農畜業的視野之中。

國民政府遷臺不久韓戰爆發，為確保東亞局勢、防堵共產黨勢力，美國在一九五一年通過了「共同安全法」，開啟臺灣的美援時代。隨後更在一九五四年簽訂《中美共同防禦條約》，成立美軍協防臺灣司令部，不少美國大兵就這樣千里迢迢來到臺灣，為臺灣社會注入美式文化，以及嶄新的生活習慣與節慶。

在這之中，跟火雞肉飯最有關係的節日是什麼呢？沒錯，正是感恩節。每逢感恩節前夕，火雞的售價常直線攀升，還有過價格從每斤14元一下子跳升到每斤23元的紀載，火雞頓時變得奇貨可居。當時養火雞的風潮到底有多盛行？翻開一九六〇年代的報紙，有報導提到養火雞的好處，甚至在報上出現飼養火雞的成本及收益計算。撇除生硬的農業數字，報上也刊載了一些關於火雞的冷門小知識，像是火雞種蛋驚人的百分百孵化率，還有用土雞代孵火雞蛋（？）的趣聞……

火雞，七面鳥（Source：photo taken by Lupin on enWikipedia ／ CC BY-SA 3.0）

第二張底片：被美國火雞打敗，好在還有火雞肉飯

總之，我們可以看出，在美援與駐臺美軍的刺激下，火雞的市場拓展得更大，農家開始選擇將其作為一種副業經營，數量與規模皆穩定成長，並逐漸出現大型的火雞養殖場。

不過，雖說火雞產量有所提升，但一般民眾並不特別有感，因為此時的火雞主要仍以「加工雞肉食品」的形式進入日常生活，並運用在上述提到的耶誕節和感恩節中。

直到時序進入一九八〇年代，火雞養殖的篇章遇上新的挑戰。

駐臺美軍帶來的感恩節、聖誕節文化曾促使臺灣火雞肉需求增長。但在美軍離開臺灣、美國火雞肉又衝擊臺灣市場的情況下，火雞勢必得尋找新出路（Source：Peachyeung316 ／ CC BY-SA 4.0）

在那個亞洲四小龍的年代，臺灣經濟快速成長，對美國產生巨大的貿易順差，敲響了美國的警鐘。一九八三年，美國開始對臺經濟施壓，要求臺灣開放美國產品進口，火雞也不例外；五年之後，美國火雞肉果真正式進入臺灣，嚴重衝擊臺灣本土火雞的產能。縱使政府持續宣傳臺灣火雞的優勢與強處，仍無法消除農家的擔憂，不論是養殖火雞的意願或養殖場的產量都逐年下滑。

一度逐年成長、前景看好，甚至在美援及西化影響下成為農家大熱的臺灣火雞，卻於國際貿易競爭壓力下走向衰微——好在，數十年的耕耘沒有白費，過往的火雞養殖已然開拓小具規模的內需市場，而嘉義火雞肉飯，便在其中扮演至關重要的角色。

第三張底片：火雞肉飯如何成為嘉義 No. 1 美食？

雞肉絲飯剛在嘉義出現的時候店家不多，零星分散於舊市區最熱鬧的地方，也就是由東市場與今天中山路、中正路和文化路為主的生活圈，名氣也還不大。

老一輩的火雞肉飯店家表示，在最開始的時候，顧客多是當地熟客，店裡賣的也不僅只有雞肉絲飯。那時的外食人口不如我們想像的多，性質與今日也有所不同，不是尋常百姓日常的飲食習慣，而是社交應酬宴客的一環。在外食等於宴客的時代，當地人來到店裡往往一點就是一桌，自然不會只點雞肉絲飯。

撇除在地的客人，逛街人潮與阿兵哥也是早期雞肉絲飯的大客戶。那個年代有不少北部人來南部當兵，在搭車回營前來碗雞肉絲飯一解饞蟲，便成為嘉義阿兵哥共同的回憶。

到了一九七〇年代，嘉義市人口增長漸趨飽和，照理來說，仰賴在地客源的雞肉飯店家，生存也會一併被挑戰——但結果卻不然，雞肉飯攤販的成長蒸蒸日上。這，或許可以歸功於逐漸增加的「外食族」與「觀光客」。

隨著臺灣經濟發展，人民渡過生活物價相對吃緊的年代，再加上家庭型態的轉變，大大提供了外食的誘因。在臺灣社會逐漸走向工商業化之際，出現了所謂「職業婦女」群體；如果下班時疲倦的女性還得負責煮飯，那不是太辛苦了嗎？因此，若經濟許可，越來越多人選擇外帶或出外覓食，成為外食發展的助力。

家庭型態的轉變，不只體現於不同時代女性「任務」的改變，也體現於社會變遷所導致的結構轉換。根據統計，核心家庭與三代同堂的比例隨著時代逐漸減少，而夫婦、單人和單親的家庭組成逐漸增加。減少的家庭組成結構，往往是自家烹調的主要族群，

如今火雞肉飯已與嘉義劃上等號，嘉義市內雞肉飯的選項多到難以選擇。圖為嘉義文化路上的阿霞雞肉飯。（Source：Jerry Lai ／ CC BY-SA 2.0）

而增加的家庭型態，因為只有夫婦、單親或個人為主，相對來講選擇外食也更為便利。

有了錢，有了時間，才會有出遊用餐的機會，以及追尋美食的渴望。

在外食族群及雞肉飯店家逐步成長的大環境下，出現越來越多愛吃雞肉飯的客人。而受火雞飼養的推廣與成效影響，部分店家也開始選用體積較大、肉質纖維有嚼勁與彈性的火雞肉——「火雞肉飯」就這樣逐漸出現在眾人的視野中，在一九八〇年代火雞飼養受到美國政策影響衝擊之際，雞肉飯更成為穩固內需市場的關鍵。

據說，就連總統蔣經國也是火雞肉

飯的愛好者，每每經過嘉義都會停留吃上一碗。在口耳相傳間，火雞肉飯的名聲不脛而走，悄悄攻佔了臺灣人的胃。

尾片：今晚，我想來點火雞肉飯

事實上，在資訊流通相對緩慢的年代，直到一九八〇年代仍有不少周遭縣市的民眾不知道火雞肉飯是嘉義的特色美食，老一輩的店家也是在那時才開始跟客人介紹火雞肉飯與雞肉飯的差別。直至近二十年，隨著資訊流通相對發達，不少食客、部落客和美食節目相繼出現，像是《美鳳有約》、《食尚玩家》，成為火雞肉飯背後重要的推手，讓火雞肉飯漸漸成了嘉義的代名詞。

二〇〇二年，嘉義市首次舉辦國宴，陳水扁總統款待時為友邦的查德總統德比，火雞肉飯赫然便在菜單內。這不僅象徵火雞肉飯成為一道代表臺灣的特色美食，更將其知名度與格調往上抬升不少。二〇〇八年，第一屆火雞肉飯節登場，往後更成為每年嘉義固定的節慶，是嘉義市火雞肉飯店家的盛會。

火雞肉飯至今已有六十年左右的歷史，從最早的雞肉絲飯，採用醬油加點蔥花爆香的口味，到後來使用每日送達的新鮮火雞，經熬煮燜浸鎖住水分，保有滑嫩多汁、不柴不澀口感的火雞肉，搭配可乾可濕、香味十足的油蔥酥，組合成今日我們熟悉的味道。

那一碗火雞肉飯，不僅僅是嘉義道地的小吃。它可以是家常便飯，也能化身方丈之饌，更曾入選國宴，與嘉義市一同見證時代與社會的轉變。直到今日，它是橫跨世代、關於美味的歷史記憶，對不少人而言，更是種從小吃到大的「嘉」鄉味。

今晚，就讓我們來碗讓人齒頰留香的易牙之味——嘉義火雞肉飯！

火雞肉飯（Source：Neville Wang ／ CC BY-SA 4.0）

Taiwan Beer
禁止酒駕　未滿十八歲　禁止飲酒

3-4

臺灣啤酒

乾杯！臺灣酒就是要加蓬萊米？臺啤如何從滯銷王變成飯桌霸主

作者／艾德嘉

上班了一整天，下班後想好好放鬆一下，這時候除了準備零食跟追劇平臺，好像還缺了點什麼……

或許，就是少了那罐冰冰涼涼的啤酒吧。「啵」地一聲打開清涼的啤酒，慰勞辛苦的自己，淡淡的甘甜香氣和酒精，瞬間把一天的疲憊都趕走。

不過，這個「喝啤酒」的習慣，可不是自古就有——一般來說，啤酒的主要釀造成分是大麥和小麥，而大麥和小麥並非臺灣的主要作物，那為什麼臺灣人會開始喝啤酒呢？喝啤酒還不足為奇，臺灣人還會自己釀啤酒，甚至加入蓬萊米，創造出獨一無二的臺味，這樣的產業又是從何時開始的？啤酒這項外來文化，究竟是如何與臺灣結緣，並發展出屬於我們自己的本土特色？

今天就讓我們開罐啤酒，一面暢飲，一面聊聊臺灣的啤酒歷史吧。

第一張底片：首先是德國啤酒，然後是日本啤酒

以小麥和啤酒花釀造而成的啤酒，對臺灣來說是個道道地地的外來種。

一八六〇年代臺灣對外開港，一波又一波的外國商賈、官員與傳教士踏上這座島嶼，啤酒才隨著西方人的習慣而被傳入臺灣。不過，此時期進口的啤酒以歐美啤酒為主（特別是德國啤酒），大多只是為

了滿足少數駐臺西方人的脾胃，僅有極少數與之來往的臺灣居民有機會品嘗到這類飲料，也就是說，在清代臺灣本地飲食市場中，飲用啤酒仍屬異類。

這道佳釀成為臺灣民眾的日常飲料，是在日本時代才實現。日本人西化得早，社會已接受了啤酒的滋味，商人更在日本成立了多間啤酒釀酒廠，產製日本啤酒。日本佔領臺灣的同時，也正是日本啤酒需要向外開拓新市場的時機。於是等到臺灣總督府結束對臺灣的軍政管理，開放民間自由進口酒類的時候，日本啤酒就大量傾銷進臺灣來了。

一八九八年，日本政府更乾脆對外國啤酒課重達25％的嚇死人關稅，讓原本是臺灣啤酒市場主流的德國啤酒頓時失去競爭優勢，大量減少進口。日本啤酒在這個戰場上大獲全勝，並日益擴展客群，銷售量逐年成長。

一開始，在臺灣喝啤酒的大多仍是日本人，主要因為臺灣的氣候實在太熱，需要清涼的啤酒消暑一夏。再說，當時的娛樂也不多，來臺日人為了忘卻離鄉背井在殖民地求生的苦悶，不時會上酒樓、料理亭尋歡買醉，大量的啤酒便消失在推杯換盞的日本人手中。

至於臺灣人呢？臺人起初雖不大喝啤酒，但隨著日本時代臺灣的酒樓、酒攤大幅增加，酒家文化盛行，讓臺灣人也慢慢從娛樂、飲酒場所接觸跟習慣啤酒，使啤酒在臺灣的銷售量不斷提升。還有一點值得注意的是，啤酒對臺灣人來說，不只是一種閒暇時享用的飲料。商人們為了推廣啤酒消費，結合漢人的食補觀念，推出了將啤酒看成「藥」而非「酒」的廣告，藉此吸引更多漢人客群。從一九〇〇到一九一一九這十年間，臺灣的啤酒進口量總共提升了3.5倍。

日治時期臺灣酒家文化盛行，此為在臺北大稻埕著名酒樓「江山樓」所舉辦的宴席。（Source：黃榮輝／ CC BY-SA 4.0）

第二張底片：全臺第一間啤酒工廠誕生

在臺灣社會被殖民母國日本大量傾銷啤酒、養成了飲用啤酒的習慣後，下一步，就是要建立本地酒廠，開始自己釀酒了。

一九一九年，臺灣製酒公司兼日本芳釀會社社長安部幸之助，邀請日本酒業同業合作，發起創立「高砂麥酒株式會社」，並選定臺北上埤頭處設釀酒廠（也就是今天忠孝復興站附近的建國啤酒廠）。「麥酒」指的就是啤酒，日本商人願意投資並創立臺灣本地的啤酒廠，可見臺灣啤酒市場前景有多被看好。

可惜的是，酒廠蓋是蓋了，但高砂麥酒上市之後，滋味並沒有獲得好評。

看來要在臺灣這個非啤酒原料產地、也欠缺啤酒文化根基的土地生產啤酒，尚須一番技術提升和配方改良才行。這也使得高砂麥酒株式會社在經營初期虧損連連，臺灣總督府在一九二二年將酒類納為專賣項目時，獨獨排除了啤酒這一項，讓高砂麥酒得以繼續民營一部分的原因，或許是為了保護這項剛起步的事業——但真實的隱藏原因，可能是就連總督府都不想負擔這個財務黑洞。

臺灣日日新報 昭和十二年五月七日

企畫廳は愈よ十五日に店開き
十四日總裁以下を正式任命
先づ三問題を調査

「政策本位」でと陸相が首相に進言
「進退を決するは無意義」

大藏省議を開き議會對策を協議
當面の財政政策についても

軍備の精神的要素强化擴充を期待す
參謀長會議で陸相の訓示

專賣局參與五日に任命

鐵の使用見合せ陸海軍で一萬噸
兵器關係を除いて

米の海軍計畫中止を勸告か
財政狀態が惡くて

獨伊合從陣略々完成さる
ムソ兩氏が會談三日

暴動終熄

新國際砂糖協定草案

金買入れ
價格引上げの妥當性に言及
池田日銀總裁が

五ケ年計畫を樹て州是として實行
臺北州各課で具體案を研究

米洲通貨會議幾多の困難
召集案の前途に

「第二世日本人の歸米を阻止せよ」
排日の巨頭が提唱

銘酒 白鹿

頭痛齒痛にはガオガンに限る

飲めよ島産 高砂生ビール
高砂生ビールの一ぱいは 心氣壯快 元氣旺盛

臺中 競馬

淺井病院

宮島醫院

森醫院

萬榮組

1937 年 5 月 7 日的《臺灣日日新報》上就有高砂麥酒的廣告，強調喝了之後能「心氣壯快、元氣旺盛」。（Source：邱鈺鋒／ CC BY-SA 4.0）

儘管高砂麥酒的味道不得人緣，但在更換經營團隊並費心撙節經營之後，還是漸漸提升了在臺灣的市場佔有率。畢竟，本地產品的優勢就是沒有輸入稅跟關稅的困擾，產品售價可以壓得比較便宜。一九二〇年代，高砂麥酒在臺灣啤酒市場大約佔三成，其他七成則被老牌日本啤酒商如朝日、麒麟等瓜分。這個時代的臺灣啤酒市場可說是百家爭鳴，為了爭奪客群，各家廠商紛紛使出渾身解數行銷自家產品，舉辦瓶蓋抽獎、集字換啤酒之類的活動，也會設置特約店來宣傳。

一九三三年，臺灣總督府眼見實施啤酒專賣的時機到了，著手將啤酒納為專賣項目，由政府接手高砂麥酒的銷售。這個時期的臺灣啤酒市場競已經沒有上個十年如此激烈，但這是因為日本啤酒廠彼此間進行併購，少了許多競爭對手，不代表啤酒市場有所衰退。經過多年洗禮，臺灣人已逐漸習慣了啤酒的好滋味，而代表臺灣味的高砂麥酒，也穩健地站穩腳步，開始能夠獲利了。

第三張底片：蓬萊米入酒，最對臺灣人「啤」味！

戰後，臺灣由中華民國政府接管，原屬日本政府所有的專賣事業，也通通轉移到中華民國手中，包括臺灣的啤酒專賣，以及後來更名為建國啤酒廠的高砂麥酒株式會社。

政治改朝換代，啤酒的需求卻不會因此衰退。一九四六年，建國啤酒廠的產量是13萬打600毫升的瓶裝啤酒，二十年過後暴增為360萬打。這個驚人的成長並非憑空而來，而是因為這二十年間建國啤酒廠不斷擴充設備、改良釀造技術——而會有這樣的發展，則是因為臺灣啤酒市場又面臨了一波大幅成長。

一方面，十多年的美援與美軍駐臺讓大量美國人流連臺灣，他們假日的去處想當然爾是美式酒吧，而美軍在酒吧裡消費最多的飲料，正是啤酒。

金牌台灣啤酒（Source：ayustety ／ CC BY-SA 2.0）

另一方面，臺灣人也有屬於自己的喝酒去處，那就是啤酒屋。一九八〇年代，這類啤酒屋如雨後春筍般大量興起，融合臺灣特有的熱炒店文化，以隨興就座、闔家歡樂的風格，成為臺灣人忙碌工作後的休閒去處。在啤酒屋、熱炒店這類場合，臺灣啤酒往往是一瓶接著一瓶開，直到每桌桌底下都累積了數不盡的酒瓶，眾人才會酒足飯飽地開心離去。在此地，啤酒就是臺灣人心中的主角，西方的紅酒、白酒，或傳統漢人的高粱、紹興，全都不是啤酒的對手。

與此同時，臺灣啤酒也改良了過去被詬病的風味，除了引進最新設備改良釀造技術，設計對味的配方也是一大重

走到今天，臺啤已成為聚餐飯桌上的主流不敗。（Source：P.H--Jack ／ CC BY-ND 2.0）

點。一九六一年，菸酒公賣局聘請德國技師來臺，嘗試將臺灣在地農產——「蓬萊米」放入臺灣啤酒，結果造就了我們今日熟悉的臺灣啤酒淡淡甘甜香風味。這樣的臺灣啤酒，不但融合了在地的特色，也創造出大量喜好此味的客群，讓臺灣啤酒在臺灣的市佔率大幅提升，一度高達七成。到了現在，儘管面對大量進口啤酒、小型精釀啤酒品牌的競爭，臺灣啤酒的市佔率仍有58％，依舊是風靡臺灣市場的主流不敗。

尾片：從舶來品到在地好滋味

走到現在，啤酒對臺灣人來說，已經是習以為常的酒精飲料，平價且有多元的選擇。你可以走入超市，選擇有蓬萊米香的臺灣啤酒，或是任何一罐日本、德國、美國來的進口啤酒。如果更講究一些，或許會對臺灣在地的各色精釀啤酒有所研究，講得出每一支啤酒所融合的花香、果香風味。

過了一百多年的推廣與傳承，曾經是舶來品的啤酒，在臺灣已成了一項非常親民且豐富的文化，臺灣的本地品牌甚至反過來深受外國人的喜愛。在無需開車的夜晚裡，想要放鬆一下嗎？或許你也可以來一杯啤酒，讓沁涼的泡沫帶走你一整天的疲憊。

Instant Noodles

3-5
泡麵

（Source：chia ying Yang ／ CC BY 2.0）

作者／艾德嘉

曾經，吃泡麵能常保健康？生力麵、王子麵到統一肉燥麵，防疫聖品「泡麵」進化史

最近臺灣疫情嚴峻，多數人能躲在家中就盡量不出門。為了打發在家的一日三餐，民生物資可不能見底，其中最受歡迎的一項防疫良伴，正是泡麵。

泡麵不只是颱風天的應急物資，也可以是點心、消夜，對某些人來說，它的存在甚至取代了正餐（誰沒有當過吃泡麵省錢的窮學生呢？）。撕開包裝，倒入熱水，放進調味料，有閒情逸致的話再丟到鍋子裡煮一下並加顆蛋，不到5分鐘就有了可以飽腹的一餐，簡直是二十世紀最偉大的發明之一。

這麼厲害的食物，到底是怎麼起步的、又如何在臺灣找到立足之地？今天，就讓我們一邊泡碗泡麵，一邊來回顧臺灣泡麵的發展吧！

第一張底片：什麼，泡麵原來是臺灣人發明的？

事實上，早在你我熟知的泡麵出現之前，油炸麵條就已經出現在世界上了。

清朝的中國人會吃一種叫「伊麵」或「伊府麵」的油炸麵條，相傳是一位名叫

一包伊麵（Source：Peachyeung316 ／ CC BY-SA 4.0）

伊秉綬的官員，他家廚師有一天不小心把沾滿雞蛋的麵條拿去下油鍋，想不到澆了高湯端上桌之後，意外得到好評，從此這道料理便被取名叫「伊麵」，成為中國人的盤中飧。不過，伊麵雖是油炸的麵條，卻沒有保存跟沖泡的吃法，跟現今所知的泡麵還是大相逕庭。

所以問題又回到了原點：究竟是誰想到要把麵條油炸、封裝成杯裝或包裝，再讓消費者以開水沖泡來吃呢？

一般而言，人們認為現代泡麵的始祖乃是日清食品公司的創辦者——日籍臺裔的安藤百福。什麼？臺裔？

你沒看錯，安藤百福出身於嘉義朴子，本名是吳百福，長大後到日本發展事業，最成功也最知名的產品，正是他在一九五八年推出的「雞味泡麵」。雞味泡麵甫現世便快速擄獲了日本人的心，市場上立刻出現大量模仿競品，東亞其他國家也陸續引入製作速

安藤百福肖像（安藤百福，攝於 1930 年代（Source：日本網 - httpswww.nippon.comhkviewsb07206／公有領域））

食麵的技術，生產符合各國口味的泡麵。

然而，故事還沒完：一位名叫張國文的臺灣人，在另一個版本的泡麵源起中佔有一席之地。據說，有位名叫張國文的先生，赴日留學，因懷念臺灣雞絲麵的味道而自行發明了泡麵技術，申請到專利；後來張國文將專利賣給安藤百福，才讓日清食品成了第一家大量製造泡麵的公司。有趣的是，日治時期臺灣有一張廣昌號的商品版畫，上頭寫著「本號第一新發明鷄絲味麵」，透露「宜用沸水泡下隨飲」的雞絲味麵在一九四五年前就已登場，所以泡麵的歷史，說不定比我們所知的早上許多。

不過，儘管泡麵的誕生眾說紛紜，無論是中國的伊麵還是臺灣的雞絲味麵，通通都沒有發展成現代泡麵產業——臺灣雖然曾存在生產雞絲味麵的公司，卻沒有延續下來，可能與社會發展程度和市場接受度不足有關。畢竟臺灣早期是農業社會，米飯才是王道，人們又沒有快速用餐的需求；泡麵乏人問津，也就一點都不奇怪了。

第二張底片：屬於臺灣人的第一款泡麵「生力麵」

那麼，臺灣人究竟是從什麼時候開始吃泡麵的？

日清的「雞味泡麵」上市十年後，一九六八年，才終於出現第一家臺灣企業「國際食品公司」與日清公司攜手合作，引進日本的泡麵技術，在臺生產「生力麵」。這，便是臺灣人心目中第一款真正的泡麵，現在已成為時代的眼淚了。當時國際食品公司看準的市場，是正在邁向工商業社會的臺灣：家家戶戶生活日益繁忙，對速食的需求將大幅提升。再加上從一九五〇年代起，美國送臺灣麵粉已行之有年，臺灣人的胃口已在不知不覺間產生變化，麵粉製品不再像以前那般難以下嚥。

現在，正是生產速食麵產品的好時機。一九六八年7月，生力麵一上市果然大受歡迎，風靡一時。

然而，不到兩個月的時間，各地經銷商、商店就不願意再販售生力麵，紛紛退貨。原來，是因為生力麵一開始的口味太「日式」了，臺灣人吃不習慣；更要命的是，存放超過一個月後，生力麵會產生一股難聞的油耗味，很快便失去了消費者的愛。

為此，生力麵廠商連忙下架產品重新改良，這次與美國小麥協會合作推廣新的生力麵產品，在一九六九年2月重振旗鼓。美國小麥協會為了在以米食文化為主的臺灣提升小麥的消費量，積極推廣麵食文化，而速食麵也是他們全力支持的產品之一。於是，有了生力麵廠商跟美國小麥協會的大力行銷，以及各地百貨公司贈送泡麵樣品的

安藤百福研製即食麵所用的設備，大阪池田安藤百福發明紀念館（Source：Mr. ちゅらさん／ CC BY-SA 4.0）

如今，日清成為全球知名的泡麵廠商，圖為 1971 年發售的「合味道杯麵」。（Source：Yumi Kimura ／ CC BY-SA 2.0）

努力，生力麵又重新受到市場的關注。巧的是，一九六九年臺灣接連遇到艾爾西與芙勞西兩大颱風侵襲，災情慘重，方便食用跟輸送的生力麵頓時成了各界捐助災民物資時的寵兒；可以說泡麵在臺灣的流行，與颱風侵臺不無關係。

改良過口味的生力麵受到臺灣市場青睞，競爭產品同時大量出現：「將軍麵」、「太空麵」以及我們至今還很喜愛的「王子麵」，都在一九七〇年代初期現身臺灣商店。目前佔了泡麵市場大宗的「統一麵」也在此時現身，並於一九七三年推出了經典不敗的肉燥麵，泡麵從此充滿臺灣人喜愛的在地肉燥香。

泡麵漸漸成了臺灣人日常生活中的一部

1970 年代統一企業也加入泡麵市場，正式參戰，並以擔仔麵為靈感研發出如今家喻户曉的「統一肉燥麵」。（Source：chia ying Yang ／ CC BY 2.0）

分，口味、花樣也越變越多，一九八三年更出現了第一個包有肉塊的泡麵——「滿漢大餐」，讓泡麵吃起來口感更豐富，儼然可以取代正餐了。

第三張底片：誰說泡麵很健康？

就在泡麵逐步贏得臺灣人的胃之際，也掀起人們的另一波疑問：泡麵這種東西，吃進肚子裡對身體真的好嗎？

你聽了可能會感到很意外：事實上，在泡麵以生力麵現世之初，標榜的不只是簡便、快速、可口，還自稱是「營養衛生」的好食物！因為泡麵是用麵粉、雞肉汁、雞蛋、豬油及高纖維他命調味料等食材濃縮精製而成，當時的人認為，這樣的食品提供了人體所需的營養素，足以稱為健康的食物。一九七二年有位旅美食品化學家岑卓卿博士，提倡改進臺灣主食營養、推廣高蛋白食物，並與工廠合力推廣將高蛋白麵條製成速食麵。可見在那個時代，不像今天一樣追求「自然鮮食」，反而認可「人工食品」的先進與好處。

不過，泡麵也不是從未被質疑。一九七一年，臺灣的七家泡麵廠商一同出面向國人

便利商店架上的泡麵（Source：李 季霖／ CC BY-SA 2.0）

喊話，表示他們的泡麵產品絕無添加防腐劑，請國人安心食用。這代表「泡麵會加防腐劑」的說法其實從來沒有消失——「小心吃多了會變成木乃伊」！類似的威脅大家肯定從小聽到大。

到了一九八〇年代，泡麵的「營養」形象更慘遭新的研究破壞。一九八一年，衛生署藥物食品檢驗局做了實驗，發現小白鼠連吃28天的速食麵，有胃縮小、肝臟變黃的健康惡化跡象，但若在麵中加入缺乏的氨基酸，就不會發生這種現象。這說明了什麼呢？這說明就在十年前，人們對速食麵投射的「人工合成高營養」神話終告破滅，真實的速食麵缺乏蛋白質營養，長期攝取而不加入雞蛋等蛋白質來源，將會導致食用者的健康衰退。

此時期的報紙紛紛勸導人們不要把泡麵當成主食，頂多當點心吃吃就好。而提倡自然飲食、貶低人工食品的觀念，也在這時開始出現在媒體上。

泡麵一度是營養的象徵，這種神話在 1980 年代後逐漸破滅。（Source：Takeaway ／ CC BY-SA 3.0）

尾片：居家防疫必備良品

泡麵在臺灣人心目中的地位盛衰，顯然深刻反映了臺灣社會的發展與變化。

當泡麵被視為「高營養」食品時，是臺灣剛轉型成工商業社會的時期，泡麵的生產既是食品技術的突破，也是社會向先進國家邁進的象徵。到了人們開始批判泡麵缺乏營養、損害健康時，其實表示泡麵已經非常普及了，普及到會影響許多人身心健康的程度。人們不再崇拜工業食品，反而追求自然食物的美好，顯示臺灣此時已轉型為忙碌的工商業社會，越來越多人成了朝九晚五的上班族，雙薪小家庭有時間買新鮮食材烹飪，成了一種奢侈的夢想。

而到了今天，泡麵正在幫助我們度過二〇二一年的 Covid-19 疫情，突然變得前所未有地重要——屬於泡麵的另一波盛世，是否又要來臨了呢？

（Source：mali maeder）

吃牛肉是件很文青的事：打破禁忌！臺灣人從何時開始接受牛肉料理？

作者／涂欣凱

你身邊也有不吃牛肉的朋友吧？

如今說自己「不吃牛」，或許難免會被好奇地追問一句：「有什麼特別的理由嗎？」然而，在臺灣歷史上有很長一段時間，這樣的問句是不會出現的——不吃牛是常態，吃牛才是特例。

比如一九四二年的夏日，人稱「臺灣第一才子」的呂赫若如此紀錄自己的一天：

那天下午四點，他搭乘巴士到陽明山（當時還叫草山）的白雲莊上住一晚，同行的個個是當時臺灣赫赫有名的文人雅士：張文環、吳新榮、楊逵和楊三郎……到了晚上，他們愜意地聽著風聲享受有著牛肉和雞肉的日式火鍋，「幽默洋溢地吵吵鬧鬧」。最後聚會就以楊逵喝得酩酊大醉、身體蜷曲成一團睡著告終。

這平凡無奇的一天，對呂赫若、對臺灣人、對今天的我們，有什麼特別之處呢？或許，最特別的地方就是——他們一起以吃牛肉火鍋度過了美好的時光，這，可是過去的臺灣人無法想像之事。

是的，就在不久之前，在日本人還沒來到臺灣以前，「不吃牛肉」可是理所當然的禁忌。究竟這樣的禁忌是如何被打破的？臺灣人食用牛肉的習慣又是如何形成的呢？這次的故事，將為各位娓娓道來臺灣人吃牛的祕密。

不吃牛肉？

第一張底片：不吃牛的禁忌從何而來？

時間回到清治時期的臺灣，牛，對於當時的農耕社會來說是不可或缺的獸力。光是想到要將陪伴自己耕耘多年的夥伴宰殺來吃，對一般農人而言便是件匪夷所思的事，更不可能將之視為珍饌；除非耕牛年事已高，實在無法負荷農務，才會含淚告別老牛，將牠的肉與骨頭取下來販賣。就連清政府都曾頒布禁止民間私宰耕牛的法令，因此在清治時代，作為食物的牛肉幾乎不會在市面上流通——當然，俗話說規則就是用來打破的，私底下想必還是有人會偷偷宰牛來吃。至少在一九〇七年《臺灣日日新報》介紹「臺灣料理」的專欄中，就有提到

早期農家極為依賴牛隻，善待耕牛如家人，圖為 1950 年代農家牽牛在農田中的勞動照。（Source：許靜慧／ CC BY，國家文化資料庫）

「紅燒牛肉」這道菜。可見在清末到日治初期，紅燒牛肉應是宴席中常見的料理之一。

而在宗教與民俗方面，不能食牛的習俗和規範更是琳瑯滿目：例如吃牛會讀不好書，因為掌管功名的文昌帝君坐騎正是牛（但實際上文昌帝君的坐騎應該是種像馬的神獸，一般俗稱白特或四不像）。也有些算命先生會和人說「牛帶財」，要財運旺就千萬別吃牛。在佛教、齋教或一些筆記小說的故事中，牛更是具有靈性且會報恩的動物，如果吃牛肉會招致病厄的災難……

總而言之，無論是出於經濟、民俗還是宗教考量，早期臺灣人確實不大吃牛肉；這禁忌一路維持到日本人踏上這座島嶼，才開始有鬆動的跡象。

第二張底片：食牛正夯，文青聚會必備！

其實，明治維新前的日本也有禁食牛肉的飲食文化，但在經過現代化的洗禮之後，日本人開始追求富國強兵，並將腦筋動到「吃」之一事。

日本人認為：歐美國家的人之所以體魄強健，和他們吃什麼很有關係。就是因為西方人都吃牛肉、喝牛奶，才會長得這麼高大強壯，而高大強壯的人民，可被國家動員成為強大的軍事力量。有鑑於此，由明治天皇首開食用牛肉與飲用牛奶的先河，此舉也影響了一般大眾，日本的食牛文化才逐漸成形。

隨著一八九五年太陽旗在臺灣上空飄揚，這樣的食牛文化遂跨海來到了殖民地臺灣。不過，並非所有臺灣人都因此開始吃牛——由於牛肉的價格較為昂貴，再加上農民普遍對牛懷抱深厚的感情，會食用牛肉的族群，主要是生活條件比較優渥、口袋比較深的都市仕紳，或是接受新興現代化教育的知識份子。

比如對當時的文青們來說，三五好友聚在一起就應該吃頓「鋤燒」（スキヤキ）。所謂的鋤燒，其實就是我們現

鋤燒，其實就是壽喜燒（Source：Huu Huynh）

在熟悉的壽喜燒，熱騰騰的鍋物中塞進滿滿的雞肉、豆腐、蒟蒻，以及最重要的主角——牛肉。鋤燒備受青睞的原因除了營養美味外，還因為大夥兒可以各自攜帶喜愛的食材赴會，料理方式又非常簡單，只要通通倒入鍋中再加點醬油和砂糖調味便是一道美味佳餚，相較於一桌精緻奢華的酒菜，蘊含著珍貴的平等、互助精神。

不只年輕文人喜歡，老一輩的仕紳們談天說地時也會選擇這道料理，特別是在寒冷的冬天，親朋好友聚在一起吃暖暖的鋤燒，可是連望族之子林獻堂都無法抵擋的享受。一九三二年12月21日的冬日，他在日記裡這麼紀錄：

隨著 19 世紀日本開港、接觸到越來越多的外國人，「吃牛」在日本人心目中逐漸成為文明的表徵，各地的牛肉火鍋／壽喜燒店也如雨後春筍般冒出。圖為 1930 年代東京的牛肉火鍋店。（Source 維基百科公有領域）

（下午）五時招（蔡）培火、（葉）榮鐘（林獻堂祕書）、（林）攀龍（林獻堂長子）、（林）猶龍（林獻堂次子）、（藤井）愛子（林猶龍妻子）、（林）惠美（林猶龍長女）往臺中大正軒食牛肉スキヤキ，又招陳炘。食後余等往娛樂館看活動寫真。

在林獻堂的筆下，攜家帶眷再揹上朋友一同吃鋤燒（還特別強調是牛肉鋤燒），飽餐一頓後去電影院看場電影，可說是再溫馨不過的日常速寫。看來一九三〇年代臺灣仕紳階級的消費和娛樂，與當今的我們也相差不遠。

除了鋤燒這種日式的牛肉餐點，日本時代的臺灣也開始出現西餐（在當時稱為洋食）的身影，而西餐中最經典的牛肉料理就是牛排。聽聽當時的資深記者黃旺成怎麼說：

今朝睡的更遲，午前中寫了一短篇原稿。正午出門到柳亭吃カツ丼ー、ビフテキー。

カツ丼—指豬排蓋飯，ビステキ是beefsteak，也就是牛排，可見那時臺灣人已經有吃牛排的文化。又可見當天黃旺成有多餓，吃了一份豬排蓋飯後又來一份牛排！

第三張底片：新人新氣象，多元發展的牛肉料理

到了第二次世界大戰結束後，大批來自中國的軍民隨著中華民國政府遷徙到臺灣這塊土地上，而他們隨身攜帶的飲食文化，又與臺灣原有的菜餚結合，蹦出新滋味。

像是在北方菜系中，就有許多臺灣

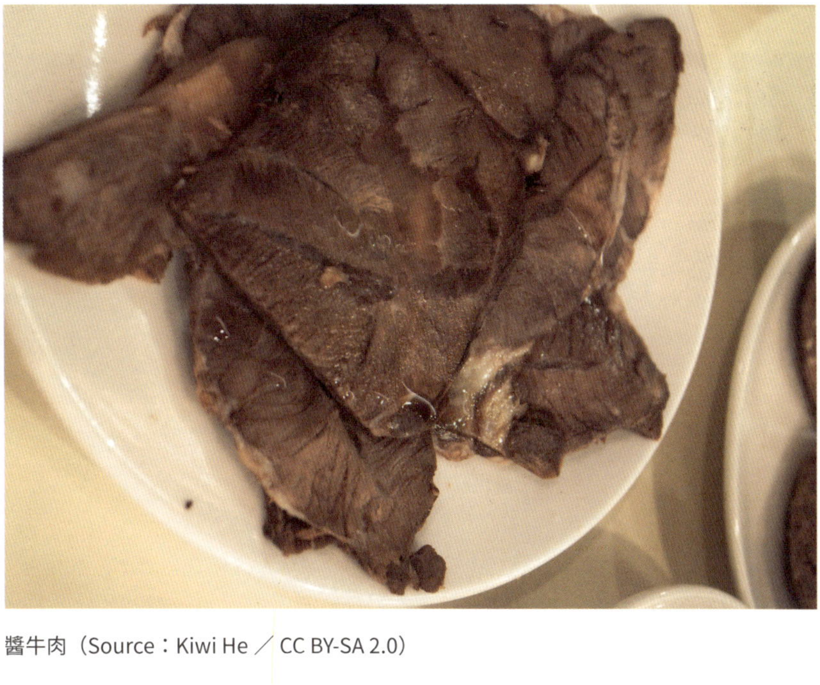

醬牛肉（Source：Kiwi He ／ CC BY-SA 2.0）

前所未見的牛肉料理——醬牛肉、牛肉捲餅和牛肉丸（通常是加在火鍋裡吃），這些不同處理方式的牛肉常會搭配燒餅等麵食食用，在以米食為主的臺灣人眼中頗為新鮮。而屬於南方料理的潮汕菜則帶來沙茶配上牛肉的新組合——無論是牛肉與蔬菜快炒而成的沙茶牛肉，還是以沙茶為基底，加入牛肉片、青菜、豆腐和粉絲煮成的沙茶爐，都從一九五〇年代起蔚為風潮。

這裡為大家帶來一個「斜槓青年」的例子，既是醫師，又是文學家，還是地方政治領袖的吳新榮，在他的日記中提到連續三餐都吃牛的一天：前一天晚上吃了汕頭式的牛肉菜，為他的腸胃帶來無限的滿足。隔天中午，他與朋友英良在延平戲院看完洋片《生

我們如今常吃的沙茶牛肉火鍋，其實就是源自潮汕菜的滋味。（Source：chia ying Yang ／ CC BY 2.0）

死恨》後，又到臺南西門圓環一人吃了兩人份的沙茶牛肉火鍋；順帶一提，按吳新榮的說法，描寫生與死、織盡愛與恨的《生死恨》是「近來罕見的好片」。而到了晚上，他的選擇還是牛，這次是和另一位朋友到夜市去吃牛肉爐。（到底是多愛吃牛肉！）

像吳新榮這種有一定收入的都會青年，對於從中國來的新式牛肉料理接受度相當高。當然，也還是有些人堅持不吃牛肉——比如他的好朋友英良，就因為信佛和「假牙不利」，讓吳新榮一個人吃了雙份的牛。

尾片：當吃牛成為日常

在吳新榮吃完雙份的牛肉後不久，越來

紅燒牛肉麵（Source：Transferred from zh.wikipedia to Commons by Shizhao using CommonsHelper ／ CC BY-SA 3.0）

越多原因促使臺灣人和牛建立起親密關係。

除了來自中國、原本就有食牛文化的移居者之外，管你是都會男子還是農村健兒，一般臺灣男性也開始無差別接觸牛肉——這是因為被徵召入伍後，軍中的伙食就有可能出現以美援牛肉罐頭為基底的各種料理。原本沒機會吃牛的臺灣男子，服役完後對牛肉料理也就習以為常。至於臺灣的美食代表「牛肉麵」呢？關於牛肉麵的出現，有一說是軍中會將牛肉罐頭煮成熱湯，再把麵丟進去，就成了最初牛肉麵的雛型；而四川籍的退役軍人在此基礎上加入他們家常的豆瓣醬，川味牛肉麵就此誕生，成為人們外食的一大選擇。

到了一九七〇、一九八〇年代，隨著臺灣經濟快速成長，美國開始要求臺灣進口美國農產品以彌補貿易逆差，在此背景下，臺灣逐漸開放美國與澳洲等地的牛肉進口，牛肉價格也就進一步調降。而在這個過程中，愈來愈多跨國餐廳品牌進駐臺灣，速食業者推出的牛肉漢堡、日式洋食推出的漢堡排……，我們的生活，與牛肉的關係是愈加密不可分了。

數十年下來，牛肉不再只是一種禁忌，而成為餐桌上珍饈的一道選擇。今晚你想吃什麼呢？不妨考慮一下琳瑯滿目的牛肉料理吧！

（Source：Vui Nguyen）

參考資料

早餐－鬆餅

Radu, Alexandra. " Mammy and Miss America – From Plantation to the Fashion industry." Procedia, social and behavioral sciences 92（2013）：778–783. Willan, Anne.

Women in the Kitchen：Twelve Essential Cookbook Writers Who Defined the Way We Eat, from 1661 to Today. London：Scribner, 2020.

Albala, Ken. Pancake：A Global History. London：Reaktion Books, 2008.

早午餐－班尼迪克蛋

Élodie noël. (n.d.). Who's to Thank for Eggs Benedict, Our Favorite Brunch Dish? Food & Wine. https://foodandwine.ie/history-of-eggs-benedict

Grace mannon. (2022, July 15). Who's to Thank for Eggs Benedict, Our Favorite Brunch Dish? Taste of Home. https://www.tasteofhome.com/article/who-created-eggs-benedict

Susan Waggoner. (2015, February 18). Hollandaise Sauce：The Gold Standard's Origin. Forknplate.Com. https://forknplate.com/2015/02/18/hollandaise-sauce/

Hopia, A., Sillanpää, M., & Tuomisto, M. (2013). Hollandaise sauce and the chemistry behind old and new preparation techniques. LUMAT：International Journal on Math, Science and Technology Education, 1(2), 189–196. https://doi.org/10.31129/lumat.v1i2.1114

下午茶－西多士

Hui Alison：《香港尋味：吃一口蛋撻奶茶菠蘿油，在百年老舖與冰室、茶餐廳，遇見港食文化的過去與現在》（臺北市：創意市集，2019）

司徒衛鏞：《回憶的味道》（香港：三聯書店（香港）有限公司，2020）

李嘉雯：《得閒飲西茶》（香港：三聯書店（香港）有限公司，2017）

徐錫安：《盛世太平：太平館餐廳的百年印記》（香港：明窗出版社，2021）

黃家和：《大牌檔 冰室 茶餐廳》（香港：香港商報，2013）

顏汶龍：《茶餐廳味道》（香港：明窗出版社，2021）

萊斯蕾・布蘭琪 (Lesley Blanch)，：《環遊世界 80 碟菜》(Round the World in 80 Dishes：The World Through Kitchen Window)（臺灣：馬可孛羅，2020）

下午茶－長崎蛋糕

朱龍興，〈豬頭共享──從長崎蘭館宴會圖看歐亞文化的奇遇與交流〉，《故宮文物月刊》，431 期（2019.2），頁 66-78。
潘力，《浮世繪》，長沙：湖南美術出版社，2020。

晚餐｜部隊鍋

鍾樂偉，《韓瘋──讓世人瘋狂的韓國現象》，天窗出版（香港：2014）。
Cho, Grace M, 2014, Eating Military Base Stew. Contexts 13 (3)：38–43.
Ku, Robert Ji-Song. 2013, Dubious Gastronomy：The Cultural Politics of Eating Asian in the USA. Honolulu：University of Hawaii Press.
Stanciu, C, 2020, Culinary Discourse in Contemporary South Korea, Pp.213-225 in Food, Nutrition and the Media. London：Palgrave Macmillan.

飯後甜點｜冰淇淋

曾素姿，〈花式冰淇淋做主力 雙聖帶來新噱頭〉，《民生報》，1984 年 10 月 27 日，第 5 版。
〈名牌漢堡繼續登陸「溫娣妹妹」著手裝潢〉，《民生報》，1985 年 4 月 4 日，第 5 版。
Laura. B. Weiss 著，楊詩韻譯，《冰淇淋：吃的歷史》。新北：衛城，2012。
阮鳳儀導演，方郁婷、林嘉欣主演，《美國女孩》。臺北：水花，2021。
Ai, Hisano, The Rise of Synthetic Colors in the American Food Industry, 1870–1940, The Business History Review, 90(3), 2016, pp. 483-504.
Freedman, Paul, Women and Restaurants in the Nineteenth-Century United States, Journal of Social History, 40(1), 2014, pp. 1-19.
「混」食尚，臺北八〇的國際味覺戰場 https://storystudio.tw/article/gushi/taipei-eat-eat-eat
向我敬愛的葛大哥告別 https://irischou113.pixnet.net/blog/post/345417494
Great State：WWII Veteran Recalls Strange Incident During Coral Sea Battle
How 'corporate greed' nearly killed Bay Area institution Swensen's ice cream
How Ice Cream Helped America at War
The Ornate Ice Cream Saloons That Served Unchaperoned Women

午晚餐｜港式燒臘

百藝餐飲技師協會編著，《百家燒味》（香港：萬里機構‧飲食天地出版社，2012）。
《香港工商日報》
《香港華字日報》
徐成，《香港談食錄──中餐百味》（香港：三聯書店（香港）有限公司，2022）。
逯耀東，《肚大能容：中國飲食文化散記》（修訂三版）（臺灣：三民，2018）。
黃可衡著，mujiworld 繪，《在地‧餐桌‧小旅行：遇上香港飲食文化》（香港：

非凡出版，2021）。
蔡瀾，《吃喝玩樂：吃》（香港：天地圖書，2010）。
蔡瀾，《覓食中華》（香港：天地圖書，2020）。
鄭寶鴻，《回味無窮——香港百年美食佳餚》（香港：商務印書館（香港）有限公司，2022）。
RTHK31，斬料，斬大舊叉燒（敢系 830，2021）。
Wong, Adele. Hong Kong food & culture (2nd ed.) (Hong Kong ： Man Mo Media Limited, 2020).

西式早餐店

王婉育，〈臺灣早餐外食現象與社會變遷〉臺北：師大臺文所碩士論文，2018。
謝其湘，〈早餐吃什麼？戰後台灣早餐店的風起雲湧〉臺北：師大臺史所碩士論文，2020。
熊培伶，〈戰後臺灣的飲食文化移植與現代生活想像〉臺北：政治大學傳播學院博士論文，2016。
范燕秋，〈美援、農復會與 1950 年代臺灣的營養措施〉，國史館館刊 55 期。
《聯合報》
《中國時報》

三色豆

《低溫食品新聞》第一卷
《家庭月刊》
《食品工業》
《農復會工作報告》
《聯合報》
《中國時報》
其實我不是三色豆：三色蔬菜成為臺灣學校營養午餐經典食材之路，大享食育協會（2019）。
徐祥弼，從奢侈品到每戶必備——那座被阿嬤塞爆的電冰箱前史，故事 StoryStudio（2021）。

臺灣啤酒

蔡承豪，〈促銷、抽獎、新口味：側寫日本時代的臺灣啤酒市場〉。
陳玉箴，〈日本化的西洋味：日治時期臺灣的西洋料理與臺人的消費實踐〉，《臺灣史研究》，2013。
蔡明志，〈臺灣公眾飲酒場所初探：1895-1980s〉，《中國飲食文化》，2011。
趙銘圓，〈臺灣啤酒發源地—公賣局建國啤酒廠〉，《中國飲食文化基金會會訊》，1999。
鄉間小路，〈釀出最對臺灣人「啤」胃的酒〉，農傳媒，2018。
張道宜，〈年輕人愈來愈不愛喝酒，臺啤如何靠「超有梗」的數位策略殺出重圍？〉，Cheers 快樂工作人，2020。

泡麵

本報訊，〈國際公司生力麵 明天開工產製〉，《經濟日報》，1968 年 9 月 7 日。

本報訊，〈生力麵開水沖光食用簡便〉，《經濟日報》，1968 年 9 月 10 日。

徐聖竹，〈李團居談吃的困擾 現代工業社會，大家在忙，因此需要營養而簡便的食物。〉，《經濟日報》，1969 年 7 月 8 日。

蕭城，〈消除市場中舊有的不良印象 成功的廣告與失敗的廣告（27）〉，《經濟日報》，1969 年 8 月 22 日。

本報訊，〈各界續捐錢物救助受災民眾〉，《經濟日報》，1969 年 10 月 7 日。

阮日宣，〈美國商人在臺北 吳德熱心推廣麵食〉，《經濟日報》，1970 年 3 月 3 日。

本報訊，〈速食麵未加防腐劑 七廠商請安心食用〉，《經濟日報》，1971 年 5 月 4 日。

本報訊，〈改進國人主食營養 應推廣高蛋白麵食 岑卓卿博士昨提出六點建議〉，《聯合報》，1972 年 6 月 9 日。

唐經瀾，〈速食麵簡捷方便 擺久了慎防生變 日本提警告有發霉生蟲現象 貯存不得法油質起化學變化〉，《聯合報》，1974 年 6 月 4 日。

鮑開先，〈食用油反覆使用有害健康 炸油條及做速食麵常用回鍋油〉，《民生報》，1979 年 1 月 20 日。

臺北訊，〈長期食用速食麵 恐對健康有影響〉，《聯合報》，1981 年 6 月 5 日。

本報訊，〈速食麵缺蛋白質 做為日常主食有礙健康〉，《民生報》，1981 年 6 月 5 日。

劉黎兒，〈《劉黎兒觀點》泡麵是日本人發明的？日媒還臺灣雞絲麵發明者一個公道〉，新頭殼 Newtalk，2019 年 3 月 29 日。

黃齡誼，〈臺灣的泡麵 50 年來如何轉變？〉，關鍵評論網 The New Lens，2016 年 11 月 19 日。

牛肉

《呂赫若日記》

《灌園先生日記》

《黃旺成先生日記》

《吳新榮日記》

曾齡儀，《沙茶：戰後潮汕移民與臺灣飲食變遷》，臺北：前衛，2020。

陳玉箴，《「台灣菜」的文化史：食物消費中的國家體現》，新北：聯經，2020。

孫寅瑞，〈牛肉成為台灣漢人副食品的歷史觀察〉，國立中央大學歷史研究所碩士論文，2001。

吳亮衡，相揪去呷奔！百年前的臺灣外食哪裡去？，故事 StoryStudio，2019。

圖片來源

封面

Pexels、Pixabay、公有領域、泡麵（Source: Takeaway ／ CC BY-SA 3.0，去背修改 https://en.wikipedia.org/wiki/Instant_noodles#/media/File:Mama_instant_noodle_block.jpg）

封底

Pexels、Pixabay、公有領域、通心粉（Source: Matt Mets/ CC BY-SA 2.0，去背修改 ）https://www.flickr.com/photos/cibomahto/2917333797/in/photolist-5rN6Gz-5RAhVK-cgasXE-cchbc-4jHzUB-Mp88F-6BqU57-5rSEkW-4tRtH9-bdCDDP-dFdevq-2kjgNcs-3ncQ1-4CFRYh-pa1re1-2po38Rb-99QLc6-4EES2d-9Ke4wf-2di5tAA-kTXj4-9u8CbJ-QdYBs-23Aoq8M-jSjRb-8DB9an-bwPrC6-8V57w2-u89Qq-5VJoHN-aCLxD-E1fWB-7KWzG7-aCLxG-7RMZAj-aCLGU-261cWMR-bqMc2B-2jLWLMg-85Yddp-qdqJgt-2pR2Ge1-cGXya3-2hs8tLH-7kjp-kz7JyR-3eymmJ-9gePEv-2m87gmp-2mH73n7）

P.1 Pexels、Pixabay、公有領域、泡麵（Source: Takeaway ／ CC BY-SA 3.0，去背修改 https://en.wikipedia.org/wiki/Instant_noodles#/media/File:Mama_instant_noodle_block.jpg）、通心粉（Source: Matt Mets/ CC BY-SA 2.0，去背修改 ）https://www.flickr.com/photos/cibomahto/2917333797/in/photolist-5rN6Gz-5RAhVK-cgasXE-cchbc-4jHzUB-Mp88F-6BqU57-5rSEkW-4tRtH9-bdCDDP-dFdevq-2kjgNcs-3ncQ1-4CFRYh-pa1re1-2po38Rb-99QLc6-4EES2d-9Ke4wf-2di5tAA-kTXj4-9u8CbJ-QdYBs-23Aoq8M-jSjRb-8DB9an-bwPrC6-8V57w2-u89Qq-5VJoHN-aCLxD-E1fWB-7KWzG7-aCLxG-7RMZAj-aCLGU-261cWMR-bqMc2B-2jLWLMg-85Yddp-qdqJgt-2pR2Ge1-cGXya3-2hs8tLH-7kjp-kz7JyR-3eymmJ-9gePEv-2m87gmp-2mH73n7）

P.5 十七世紀歐洲概念的「蛋糕」。Josefa de Obidos, Natureza morta com bolos, 1660. ——（Source: wikimedia ／公有領域，去背處理）https://commons.wikimedia.org/wiki/File:Josefa_de_%C3%93bidos_-_Natureza_morta_com_bolos.jpg

一、早晚都要混口飯：跨界的食物學

早餐 — 鬆餅

P.12 冰人奧茲的復原模型——（Source: Claude Valette ／ CC BY-ND 2.0，無修改）https://flickr.com/photos/cvalette/48023710742/

P.14《英格蘭家庭主婦》——（Source: Wellcome Collection ／公有領域，無修改）https://wellcomecollection.org/works/ppvd77by

P.19 等待楓糖漿流出的時刻——（Source: Abigail Batchelder ／ CC BY 2.0，無修改）https://flickr.com/photos/abbybatchelder/5827208068/

P.20 潔邁瑪阿姨爽朗的笑容——（Source Ladies' Home Journal ／公有領域，無修改 ）https://commons.wikimedia.org/wiki/File:Aunt_Jemima_-_America's_Best-Loved_Pancakes,_1951.jpg

P.21 扮演潔邁瑪阿姨的伊迪絲．威爾遜——（Source: T.P.Chittenden ／公有

領域，無修改）https://commons.wikimedia.org/wiki/File:Edith_Wilson_Aunt_Jemima_1956.JPG

P.23 潔邁瑪阿姨排列於貨架上——（Source: Mike Mozart／CC BY 2.0，調色處理）https://flickr.com/photos/jeepersmedia/14911219545/

早午餐—班尼迪克蛋

P.25 閃著金黃光澤的荷蘭醬——（Source: Hilary Perkins／CC BY 2.0，調色處理）https://www.flickr.com/photos/24886284@N00/2703306044

P.28 淋上荷蘭醬的食材——（Source: James Lee／CC BY 2.0，調色處理）https://www.flickr.com/photos/37176760@N06/4512748831

P.30「廚師界帝王」——（Source: wikipedia／public domain 公有領域，無修改）https://zh.wikipedia.org/zh-tw/%E5%A5%A5%E5%8F%A4%E6%96%AF%E7%89%B9%C2%B7%E5%9F%83%E6%96%AF%E7%A7%91%E8%8F%B2%E8%80%B6#/media/File:Auguste_Escoffier_01.jpg

P.32 至今仍屹立在美國紐約的 Delmonico's 高級餐廳——（Source：Epicgenius／CC BY SA 4.0，無修改）https://commons.wikimedia.org/wiki/File:Financial_District_Feb_2021_49.jpg#/media/File:Financial_District_Feb_2021_49.jpg

P.35 奧斯卡・卻基——（Source: Wikipedia／public domain 公有領域，無修改）https://en.wikipedia.org/wiki/Oscar_Tschirky#/media/File:Oscar-Tschirky.jpg

午餐—夏威夷披薩

P.41 布蘭登堡門矗立於已成廢 Bundesarchiv_B_145_Bild-P054320,_Berlin,_Brandenburger_Tor_und_Pariser_Platz(由 Bundesarchiv, B 145 Bild-P054320 Weinrother, Carl CC-BY-SA 3.0, CC BY-SA 3.0 de,httpscommons.wikimedia.orgwindex.phpcurid=5474888)
https://zh.wikipedia.org/zh-tw/%E6%9F%8F%E6%9E%97%E6%88%B0%E5%BD%B9#/media/File:Bundesarchiv_B_145_Bild-P054320,_Berlin,_Brandenburger_Tor_und_Pariser_Platz.jpg

P.43「摩根索計畫」概述文檔——（Source: Wikimedia／public domain 公有領域，無修改）
https://commons.wikimedia.org/wiki/File:Morgenthau_Plan.png

P.46 波蘭籍天主教耶穌會來華傳教士卜彌格十七世紀著作《Flora Sinensis》（譯：中國植物志）Pineapple_-_Flora_Sinensis_1656_(2950666)(（Source Wikimedia／public domain 公有領域，無修改））https://zh.wikipedia.org/zh-tw/%E5%87%A4%E6%A2%A8#/media/File:Pineapple_-_Flora_Sinensis_1656_(2950666).jpg

P.49 作者本人依照威爾曼羅德的「食譜」製作的夏威夷吐司——（Source: 本篇作者神奇海獅，調色處理）

下午茶—西多士

P.58 九龍城樂園店門口懸掛的蔡瀾墨寶：「勝過鮑參肚翅」——（Source: 本篇作者 O' 爸爸提供，調色處理）

P.58 店內的沙嗲牛西多士——（Source: 本篇作者 O' 爸爸提供，調色處理）

P.60 煎炸金黃的法國吐司與培根——（Source: Larry White／Pixabay License）
https://pixabay.com/photos/french-toast-breakfast-bacon-coffee-4686248/

P.61 維記咖央醬仍自家調配——（Source: 本篇作者 O' 爸爸提供，調色處理）

P.63 西多士——（Source: Alpha ／ CC BY-SA 2.0，裁切調色處理）
https://www.flickr.com/photos/avlxyz/3902314629

P.65 The Compleat Cook 的卷首——（Source: 國會圖書館／public domain 公有領域，無修改）
https://www.loc.gov/resource/rbc0001.2011bit22420/?sp=1&st=gallery

P.67 興記咖啡的西多士——（Source: 本篇作者 O’爸爸提供，調色處理）

P.68 西多士——（Source: Alpha ／ CC BY-SA 2.0，裁切調色處理）https://www.flickr.com/photos/avlxyz/876307132/in/photolist-jScRFT-28fdCt-79pjrS-6WUnqW-2krizE-6WQobH-qEB33F-2jWddw8

P.69 冰室的餐牌 HK_ 旺角 Mongkok 始創中心——（Source：Bowarsiuc ／ CC BY-SA 4.0）
https://zh.wikipedia.org/wiki/File:HK_%E6%97%BA%E8%A7%92_Mongkok_%E5%A7%8B%E5%89%B5%E4%B8%AD%E5%BF%83_Pioneer_Centre_exhibition_Oct_2017_IX1_food_menu_n_pricelist_on_wall.jpg

P.69 香港九龍觀塘道啓德大廈的「華生冰室」WahSang——（Source：Honeybee｜自己的作品／ CC BY-SA 3.0）
https://zh.wikipedia.org/wiki/%E5%86%B0%E5%AE%A4#/media/File:WahSang.JPG

P.70 早年興記的鐵皮檔相片——（Source: 本篇作者 O’爸爸攝於店內。）

P.71 瑞記的小長條形西多士——（Source: 本篇作者 O’爸爸提供，調色處理）

P.72 香港迪士尼芊彩餐廳的麥芽糖花生醬西多士——（Source: 本篇作者 O’爸爸提供）

P.74 卡斯特拉（日語：カステラ、Castella），又譯作長崎蛋糕，是一種自十六世紀開始在日本長崎發展起來的蛋糕——（Source: Kanko / CC BY 2.0）
https://www.flickr.com/photos/kankan/56516964/in/photolist-5ZEwq-asv9Q-rLqpjb-vcQC5k-vrYZPu-vcQzUi-vw8MsE-vf6Rv5-4EKSWs-om5Asp-vzX212-xfU5gp-2kuT9Kq-2ke395S-Hx8MJH-aofxYG-cqX3T-8KJMdk-uRJep-8KJPvt-8KJQ9e-9vBGi3-dmQCK6-Fm2n6b-dYkWtN-4A547i-7KvYa5-cKjGWb-2j24RMm-sbTMqA-Sx66kV-5EuApH-ds8Vbe-REsajj-5EyUcu-2mEtufh-8nfLbW-2kNDoAZ-5Euzdg-5Euzez-2ppzNv7-GdX9uu-5EySYA-FkN6SC-dmRVKH-pAorv-62koqR-DfUfnz-qEiqoA-2npePVt

P.75 長崎蛋糕 Japanese Castella Cake——（Source: Helen.Yang / CC BY 2.0，無修改）https://www.flickr.com/photos/saltwater_helen/25824509928

P.76「紅毛人康樂之圖」——（Source: wikimedia ／公有領域，無修改）
https://commons.wikimedia.org/wiki/File:Nagasaki-e_1.jpg

P.77 十九世紀日本畫家筆下的「阿蘭陀人」——（Source: The Metropolitan Museum of Art，公有領域，無修改）https://www.metmuseum.org/art/collection/search/73463?where=Japan&what=Prints&ft=Dutch&offset=0&rpp=40&pos=1

P.77 描繪「阿蘭陀」家庭的浮世繪——（Source: The Metropolitan Museum of Art，公有領域，無修改）
https://www.metmuseum.org/art/collection/search/73454?where=Japan&what=Prints&ft=Dutch&offset=0&rpp=40&pos=7

P.78 從地圖上來看，出島頗像是一個海上監獄——（Source: wikimedia ／公有領域，無修改）
https://commons.wikimedia.org/wiki/File:Plattegrond_van_Deshima.jpg?uselang=zh-tw

P.80 荷蘭國家博物館所收藏的「長崎繪」——（Source: Rijks museum ／公

有領域，無修改）
https://www.rijksmuseum.nl/en/collection/set/japan--d39bb77b-9908-4fd--8db2-08dd0acb2c6e#/NG-1978-110,2

P.82 一幅安土桃山時代的六折屏風，描繪南蠻人與日本的第一次接觸——（Source: Cleveland Museum of Art ／公有領域，無修改）
https://www.clevelandart.org/art/1960.193.2

P.84 十七世紀歐洲概念的「蛋糕」。Josefa de Obidos, Natureza morta com bolos, 1660. ——（Source: wikimedia ／公有領域，無修改）
https://commons.wikimedia.org/wiki/File:Josefa_de_%C3%93bidos_-_Natureza_morta_com_bolos.jpg

晚餐｜部隊鍋

P.88 部隊鍋——（Source: bryan... ／ CC BY-SA 2.0，調色處理）
https://www.flickr.com/photos/bryansjs/49768467736/in/photolist-9osPUE-87iLD8-2iPPFBN-2iPU4Pu-2iPPFRa-2iPPFHz-2iPSpxW-2iPU53v-2iPU5YP-2iPU5NZ-2biXyAF-2cCfXoG-2bAD3dj-2bAD341

P.89 議政府部隊鍋街的入口，據說議政府市正是韓國部隊鍋的發源地。——（Source: 페이지어 ／ CC BY-SA 3.0，無修改）
https://commons.wikimedia.org/wiki/File:%EC%9D%98%EC%A0%95%EB%B6%80_%EB%B6%80%EB%8C%80%EC%B0%8C%EA%B0%9C_%EA%B1%B0%EB%A6%AC.jpg

P.90 部隊鍋裡不可或缺的主角——（Source: 형길 황 ／ CC BY 2.0，調色處理）
https://flickr.com/photos/103629201@N02/33969247290/

P.91 韓國逢年過節必備的送禮選擇：午餐肉禮盒——（Source: hojusaram ／ CC BY-SA 2.0，無修改）https://flickr.com/photos/hojusaram/1435258510/

P.93 1938 年的午餐肉廣告——（Source: Indiana Ivy Nature Photographer ／ CC BY 2.0，無修改）
https://flickr.com/photos/indianaivy/2952718707/

P.94 太平洋美軍曾管基地裡的食物補給處叫「午餐肉大峽谷」（Spam Canyon）——（Source: National Archive ／公有領域，無修改）https://catalog.archives.gov/id/204975073

P.94 午餐肉大峽谷裡的物資，堆得如山一樣高——（Source: National Archive ／公有領域，無修改）
https://catalog.archives.gov/id/204975070

P.95 二戰結束後的第一批駐韓美軍——（Source: US military Photograph ／公有領域，無修改）https://commons.wikimedia.org/wiki/File:US_Army_in_Korea_under_Japanese_Rule.JPG

P.97 切片後的午餐肉——（Source: BrokenSphere ／ CC BY-SA 3.0，無修改）
https://commons.wikimedia.org/w/index.php?curid=9961351

P.98 二戰末期，進攻沖繩的美軍正排隊取餐——（Source: National Archive ／公有領域，無修改）
https://catalog.archives.gov/id/204839602

P.101 部隊鍋——（Source: bryan... ／ CC BY-SA 2.0）
https://www.flickr.com/photos/bryansjs/49767936448/in/photolist-9osPUE-87iLD8-2iPPFBN-2iPU4Pu-2iPPFRa-2iPPFHz-2iPSpxW-2iPU53v-2iPU5YP-2iPU5NZ-2biXyAF-2cCfXoG-2bAD3dj-2bAD341/

飯後甜點｜冰淇淋

P.103 双聖民生店外的七彩看板——（Source: 本篇作者廖品硯自攝）

P.105 全臺第一家麥當勞位在民生東路上的吉祥大樓一樓，正好與樓上的双

聖分庭抗禮——（Source: 玄史生／CC0，無修改）
https://flickr.com/photos/137596559@N07/51830588697/

P.106 直到今天，双聖依然保有 1980 年代展店時替自己打響知名度的舊金山風情裝潢——（Source: 作者廖品硯自攝）

P.107 雪酪是將酒、飲料或水果冷凍後刨碎而成——（Source: Ewan Munro／CC BY-SA 2.0，無修改）https://commons.wikimedia.org/wiki/File:New_Cross_House,_New_Cross,_London_(6509827407).jpg

P.108 1801 年，享用著冰淇淋的巴黎女士們——（Source: Gallica Digital Library／公有領域，無修改）https://commons.wikimedia.org/wiki/File:Les_Glaces.jpg

P.110 圖為美國德拉威爾州的報童們正在搶著買冰淇淋——（Source: 美國國會圖書館／公有領域，無修改）https://www.loc.gov/pictures/resource/nclc.03586/

P.111 1920 年代的冰淇淋廣告——（Source: 美國國會圖書館／公有領域，無修改）
https://www.loc.gov/pictures/resource/highsm.15194/

P.112 戰艦上的可樂與冰淇淋——（Source: tormentor4555／公有領域，無修改）
https://commons.wikimedia.org/wiki/File:US_Navy_Cruiser,_1945_(50350779832).jpg

P.114 美軍船上的冰淇淋機——（Source: National Archive Catalog／公有領域，無修改）https://catalog.archives.gov/id/45511173

P.115 舊金山俄羅斯山的双聖總店——（Source: jsymo26／CC BY-ND 2.0，無修改）https://www.flickr.com/photos/9709643@N03/34602928623

P.117 双聖冰淇淋——（Source: Krista／CC BY 2.0）
https://www.flickr.com/photos/scaredykat/7797230856/in/photolist-8eYjn-8eYjN-8eYjF-7NenxL-bsjpBx-4bnCTB-5GN3jo-2cm5LbB-gKC42-gKDRi-2kXfMct-byifP2-gKC43-2oHEWak-LiNcz-2nGHf4j-2oHB5LK-6Y1U58-2nGPAw9-cT1R5L-ai75fu-X6ywuE-2p6wzNF-8HAVpq-LjdyW-qwqjuN-58WSUM-2qu5ztP-4CdCxa-aGzLTr-yhD9nm-yj3sNo-e4Z7TN-2qJ9ELb-yhD9to-LiWYi-LiNcg-e4Ttix-xo5fKM-e4Ts18-bvt4xr-e4Z8by-LiHbQ-h2p2XH-7YL1fV-cryKmW-cryKj3-cryKoy

午晚餐｜港式燒臘

P.118 港式燒臘——（Source：Kansir／CC BY 2.0，調色處理）
https://www.flickr.com/photos/kansirnet/14812077241/in/photolist-oyTLw6

P.119 圖為香港燒味店照片——（Source：David Boté Estrada／CC BY-SA 2.0，無修改）
https://www.flickr.com/photos/logatfer/8379157662/in/photolist-7ovAMG-dLrt2W-dLrnpb-dLrnDy-dLkQMR-dLkRCR-dLrond/

P.120「康樂燒臘飯店」——（Source: 本篇作者 O' 爸爸自攝）

P.121 深井博記飯店的馳名燒鵝——（Source: 本篇作者 O' 爸爸自攝，調色處理）

P.121 北角宏發燒味餐廳的外賣叉鴨飯——（Source: 本篇作者 O' 爸爸自攝，調色處理）

P.122 天后康樂燒臘飯店的叉鴨飯——（Source: 本篇作者 O' 爸爸自攝，調色處理）

P.122 叉鴨飯的例湯——（Source: 本篇作者 O' 爸爸自攝，調色處理）

P.127 港式快餐店在午飯及晚飯時間供應的鹹蛋三寶飯，「三寶」是指三種燒味——（Source：Neodymium+Nd - 自己的作品，CC BY-SA 4.0，無修改）
https://commons.wikimedia.org/w/index.php?curid=85624993

P.129 清代學者袁枚——（Source: wikipedia／public domain 公有領域，無修改）https://commons.wikimedia.org/wiki/File:Yuan_Mei.png

P.131 港式燒臘——(Source：Kansir／CC BY 2.0) https://www.flickr.com/photos/kansirnet/14812077241/in/photolist-oyTLw6

P.132 香港 YTM 太子池樓香燒味酒家櫥窗展示烤鴨和叉燒——(Source：CW HADIC M223 KSUM／CC BY-SA 4.0) https://commons.wikimedia.org/wiki/File:HK_YTM_%E5%A4%AA%E5%AD%90_Prince_Edward_Chi_Lau_Heung_Siu_Mei_Restaurant_window_display_roasted_duck_n_chaa_siu_February_2023_Px3.jpg#/media/File:HK_YTM_%E5%A4%AA%E5%AD%90_Prince_Edward_Chi_Lau_Heung_Siu_Mei_Restaurant_window_display_roasted_duck_n_chaa_siu_February_2023_Px3.jpg

二、有深度沒難度的故事食譜：跨界料理ＤＩＹ

瑞典肉丸 Svenska köttbullar

食物攝影 Blacksmith

插畫 & 食譜料理塞呷 Sai-Jia 阿吸

P.138 瑞典肉丸——(Source：Rachel Claire) https://www.pexels.com/zh-tw/photo/5863620/

P.139 1960 年學校和家庭食譜——(Source：Holger.Ellgaard - Eget arbete／CC BY-SA 3.0，無修改) https://commons.wikimedia.org/w/index.php?curid=4647314

P.140 瑞典法爾雪平街頭小吃攤上的肉丸、馬鈴薯泥和越橘果醬——(Source：Gunnar Creutz - Eget arbete／CC BY-SA 4.0，調色處理) https://commons.wikimedia.org/w/index.php?curid=3688324

P.143 瑞典肉丸——(Source：Cihan Yüce) https://www.pexels.com/zh-tw/photo/12214723/

P.144 現成的瑞典肉丸——(Source：Number55 - Eget arbete／CC BY-SA 3.0，無修改) https://commons.wikimedia.org/w/index.php?curid=12613034

海軍咖哩（ネイビーカレー）

食物攝影 Blacksmith

插畫 & 食譜料理塞呷 Sai-Jia 阿吸

P.154 海上自衛隊浦賀號 (MST-463) 上供應的海軍咖哩——(Source：Hohoho - Eget arbete／CC BY-SA 3.0，調色處理) https://commons.wikimedia.org/w/index.php?curid=17612914

P.157 牛肉海軍咖哩 (橫須賀 CoCo 壹番屋)——(Source：武藏／CC BY-SA 3.0，無修改) https://commons.wikimedia.org/w/index.php?curid=18707557

海南雞飯

食物攝影 Blacksmith

插畫 & 食譜料理塞呷 Sai-Jia 阿吸

P.164 海南雞飯——(Source：Change C.C) https://www.pexels.com/zh-tw/photo/30120279/

P.167 海南雞飯——(Source: bryan...／CC BY-SA 2.0，無修改) https://www.flickr.com/photos/bryansjs/47998491046/in/photolist-dZeCiR-2g8sBJ9-CVyukP-2g8sPps-2g8sBpw-2g8sP9s-egpcVm-egirYH-egis9n-egpcKW-egisGv-2mPzL9G-25h6B8p-23V8dPa-nCx7Pt

P.168 海南雞飯——(Source：Change C.C) https://www.pexels.com/zh-tw/photo/30120281/

凱薩沙拉（Caesar Salad）

食物攝影 Blacksmith
插畫 & 食譜料理塞呷 Sai-Jia 阿吸
P.177 凱薩沙拉——（Source：julie aagaard）https://www.pexels.com/zh-tw/photo/2097090/
P.178 凱薩沙拉——（Source: bryan... ／ CC BY-SA 2.0，調色處理）
https://www.flickr.com/photos/bryansjs/51852325322/in/photolist-hg3ckY-8JqnXB-HP87RL-qTEMPs-2ju8gLk-2ju5uoT-uXEVqP-2ju8ghK-2n11HP1-2n175f7-2n174VV-2n177y5-2ju9BWu-2n16Fpq-2n1a5Bf-2n1a4Rc-2n16Gad-2n178ir-2n11Mk4-2n16H2t-2ju8h37-9SSGH2-2ju9BR9-2ju8gzo-2ju8gRa-2ju9C62-gLvdc-d3xvB9
P.181 蒂華納的凱撒飯店是凱撒沙拉的發源地——（Source：FateClub ／ CC BY-SA 3.0，無修改）https://commons.wikimedia.org/w/index.php?curid=2418107
P.181 今日的凱薩飯店（Source: 本篇作者卓皓右自攝）

美國通心粉（Mac n Cheese）

食物攝影 Blacksmith
插畫 & 食譜料理塞呷 Sai-Jia 阿吸
P.189 美國經典的卡夫特晚餐（Source: Matt Mets/ CC BY-SA 2.0，調色處理）
https://www.flickr.com/photos/cibomahto/2917333797/in/photolist-5rN6Gz-5RAhVK-cgasXE-cchbc-4jHzUB-Mp88F-6BqU57-5rSEkW-4tRtH9-bdCDDP-dFdevq-2kjgNcs-3ncQ1-4CFRYh-pa1re1-2po38Rb-99QLc6-4EES2d-9Ke4wf-2di5tAA-kTXj4-9u8CbJ-QdYBs-23Aoq8M-jSjRb-8DB9an-bwPrC6-8V57w2-u89Qq-5VJoHN-aCLxD-E1fWB-7KWzG7-aCLxG-7RMZAj-aCLGU-261cWMR-bqMc2B-2jLWLMg-85Yddp-qdqJgt-2pR2Ge1-cGXya3-2hs8tLH-7kjp-kz7JyR-3eymmJ-9gePEv-2m87gmp-2mH73n7
P.190 James Hemings（詹姆斯．海明斯）——（Source: wikipedia ／ public domain 公有領域，無修改）
https://en.wikipedia.org/wiki/File:Hercules_%28chef%29.jpg
P.193 卡夫特食品公司出品的美國通心粉，總是會讓美國人想起童年（Source：Mike Mozart/CC BY 2.0，無修改）
https://www.flickr.com/photos/jeepersmedia/12754135103/in/photolist-kr3h26-py5Qhk-kr4RA9-kz9ZQs-oSx2Na-kz7SDt-qdoYKp-kz79Vt-kz99rN-kz8a5c-kz8hwX-kz9gBE-kz75Xi-kza2ZN-kz7xsa-kz7MXz-kz9aYA-kz9eqW-kz8gdK-kz79d6-kz7wxe-kz8fmp-kza1Sh-kz8eGP-kz7QGT-kz8iji-kz72nT-kz7UCD-kz8dkk-kz7K48-kz74jP-kz9T5J-kz98Wu-kz7LZT-kz8bTc-kz8L1M-kn5RAn-kzaPi3-kzaUf7-kz8UZD-kz999x-kz8PAx-kz9dZV-kzaR6w-kz9gxF-kz9hN6-kz8SAF-kn8ebw-kzaSmN-kzaYos
P.193 美國經典的卡夫特晚餐（Source: Andrew Dobrow/ CC BY 2.0，無修改）
https://www.flickr.com/photos/opethdamna/545723592/in/dateposted/

三、你有一個新回憶：臺味原來如此

P.203 沙茶牛肉火鍋，其實就是源自潮汕菜的滋味——（Source: chia ying Yang ／ CC BY 2.0，去背調色處理）
https://www.flickr.com/photos/enixii/4297203954/in/photolist-5XE6yP-7xJi2m-mhSg8-5XDX8Z-5XDY6e-5XJhyJ-5XJdqm-5XJdDw-5XJiRf-5XDWz2-5XJmeu-5XDW2M-5XDVMk-5XJejN-5XJk71-5XE1AM-5XJkny-5XE3mv-5XE5L2-5XJjjC-5XJinw-5XJjRE-5XE4H4-5XJkQY-5XDWgz-5XDWPT-5XJhLS-5XJgN5-5XJg4y-5XJi1s-5XE6ba-5XDZwv-5XE3LM-5XJeyL-5XJh2A-5XJdQd-5XE1oM-5XJfKs-5XE2iV-5XDZhk-5XJeNd-5XJf1L-5XE4ce

西式早餐店

P.207 1960 年代馬祖的牛奶供應站——（Source: 國家文化記憶庫）
https://tcmb.culture.tw/zh-tw/detail?indexCode=Culture_Object&id=235497
原始資料連結：牛奶供應站 -1。授權人：連江縣政府文化處。政府資料開放授權條款 - 第 1 版 (OGDL 1.0)。來源：https://cmsdb.culture.tw/object/1E3BB8B4-1734-4A13-82D6-A887A321442D。

P.208 鐵鍋蛋餅——（Source: Photographyplayers（Harvard Hsieh）／CC BY 2.0，調色處理）
https://www.flickr.com/photos/photographyplayers/54088782412/in/phctolist-hjfS7o-hjfUwU-hjgV7P-hjgT3D-2o1Xh2V-2nvGc6v-2qLinHr-2pnbT5h-2mxKWFK-2mKEgkV-rbgR1-2igXRg6-3xZt2R-2igYSUR-2oT2pD3-EFDR9n-2oSYRLs-MUz2ZX-vmKYEq-rgNTP8-oRttuZ-2oSYRWc-9m1Mkg-2oT1Zo6-2oSYS1W-2pwAQKG-2pwHCNp-CJkz8r-2pwHCJB-2pwH3ud-KNXKCV-2pwH3xV-7vUMhj-2qpD9A1/

P.209 總匯三明治——（Source: bryan... ／CC BY-SA 2.0，調色處理）
https://www.flickr.com/photos/bryansjs/52826876474/in/photolist-GKqS12-2ou8xV5-2ou8y1a/

P.210 蛋＋蘿蔔糕——（Source: bryan... ／CC BY-SA 2.0，調色處理）https://www.flickr.com/photos/bryansjs/49407401911/in/photolist-hjfS7o-hjfUwU-hjgV7P-hjgT3D-2o1Xh2V-2nvGc6v-2qLinHr-2pnbT5h-2mxKWFK-2mKEgkV-rbgR1-2igXRg6-3xZt2R-2igYSUR-2oT2pD3-EFDR9n-2oSYRLs-MUz2ZX-vmKYEq-rgNTP8-oRttuZ-2oSYRWc-9m1Mkg-2oT1Zo6-2oSYS1W-2pwAQKG-2pwHCNp-CJkz8r-2pwHCJB-2pwH3ud-KNXKCV-2pwH3xV-7vUMhj-2qpD9A1

P.211 林坤炎主講的「如何開設早餐店」講稿——（Source: 本篇作者林聖峰翻攝）

P.213 同為西式連鎖早餐店的早安美芝城於 1983 年左右創立時也取名叫「美而美」，直到 1995 年才改名為美芝城——（Source: Macc2635678 ／CC BY-SA 4.0，無修改）
https://zh.wikipedia.org/wiki/%E6%97%A9%E5%AE%89%E7%BE%8E%E8%8A%9D%E5%9F%8E#/media/File:%E6%97%A9%E5%AE%89%E7%BE%8E%E8%8A%9D%E5%9F%8E%E5%8D%97%E9%96%80%E5%BA%97.jpg

P.215 早安美芝城第一代店型——（Source: Macc2635678 ／CC BY-SA 4.0，調色處理）https://commons.wikimedia.org/w/index.php?curid=79495944

P.215 早安美芝城第二代店型——（Source: Solomon203 ／CC BY-SA4.0，調色處理）https://commons.wikimedia.org/w/index.php?curid=47813523

三色豆

P.221 傅培梅在《家庭月刊》上刊登的冷凍食品食譜，從圖片中可發現許多道料理都是以三色豆入菜——（Source: 本篇作者林聖峰翻拍自《家庭月刊》）

P.222 三色豆套餐——（Source:Alpha ／CC BY-SA 2.0，調色處理）
https://www.flickr.com/photos/avlxyz/52953981/in/photolist-812CLM-5FpnF

火雞肉飯

P.229 雞肉絲飯——（Source: bryan... ／CC BY-SA 2.0，調色處理）https://www.flickr.com/photos/bryansjs/14505983780/in/photolist-o6QXAC

P.231 火雞，七面鳥——（Source: photo taken by Lupin on en:Wikipedia ／CC BY-SA 3.0，無修改）https://commons.wikimedia.org/w/index.php?curid=284803

P.232 駐臺美軍帶來的感恩節、聖誕節文化曾促使臺灣火雞肉需求增長。但在美軍離開臺灣、美國火雞肉又衝擊臺灣市場的情況下，火雞勢必得尋找新出路——（Source: Peachyeung316／CC BY-SA 4.0，調色處理）https://commons.wikimedia.org/w/index.php?curid=113265833

P.235 圖為嘉義文化路上的阿霞雞肉飯——（Source: Jerry Lai／CC BY-SA 2.0，調色處理）https://www.flickr.com/photos/jerrylai0208/5363344533/

P.237 火雞肉飯——（Source: Neville Wang／CC BY-SA 4.0，調色處理）https://commons.wikimedia.org/w/index.php?curid=73736253

臺灣啤酒

P.241 臺北大稻埕著名酒樓「江山樓」所舉辦的宴席——（Source: 黃榮輝／CC BY-SA 4.0，無修改）https://zh.wikipedia.org/wiki/%E6%B1%9F%E5%B1%B1%E6%A8%93#/media/File:Memorybank2019-%E5%A4%A7%E7%A8%BB%E5%9F%95%E6%B1%9F%E5%B1%B1%E6%A8%93%E9%85%92%E5%AE%B6%E5%AE%B4%E5%B8%AD.jpg

P.243 1937 年 5 月 7 日的《臺灣日日新報》上就有高砂麥酒的廣告——（Source: 邱鈺鋒／CC BY-SA 4.0，無修改）

https://zh.wikipedia.org/wiki/%E9%AB%98%E7%A0%82%E9%BA%A5%E9%85%92#/media/File:%E5%8F%B0%E7%81%A3%E6%97%A5%E6%97%A5%E6%96%B0%E5%A0%B1%E6%98%AD%E5%92%8C%E5%8D%81%E4%BA%8C%E5%B9%B4%E4%BA%94%E6%9C%88%E4%B8%83%E6%97%A5_%E7%AC%AC%E4%%E7%89%88.jpg

P.245 金牌台灣啤酒——（Source: ayustety／CC BY-SA 2.0，無修改）https://www.flickr.com/photos/ayustety/

P.246 臺啤已成為聚餐飯桌上的主流不敗——（Source: P.H--Jack／CC BY-ND 2.0，無修改）

https://www.flickr.com/photos/shin_focus/

泡麵

P.248 1970 年代統一企業也加入泡麵市場——（Source: chia ying Yang／CC BY 2.0，無修改）https://www.flickr.com/photos/35004203@N00/3847338162

P.249 一包伊麵——（Source: Peachyeung316／CC BY-SA 4.0，調色處理）https://commons.wikimedia.org/w/index.php?curid=103169962

P.250 安藤百福，攝於 1930 年代——（Source: 日本網 - https://www.nippon.com/hk/views/b07206/／公有領域，無修改）https://commons.wikimedia.org/w/index.php?curid=124496855

P.253 安藤百福研製即食麵所用的設備，大阪池田安藤百福發明紀念館——（Source: Mr. ちゅらさん／CC BY-SA 4.0，無修改）https://commons.wikimedia.org/w/index.php?curid=53152553

P.253 圖為 1971 年日清發售的「合味道杯麵」——（Source: Yumi Kimura from Yokohama, JAPAN - CUP NOODLE s／CC BY-SA 2.0，無修改）https://commons.wikimedia.org/w/index.php?curid=25927517

P.254 1970 年代統一企業也加入泡麵市場——（Source: chia ying Yang／CC BY 2.0，無修改）https://www.flickr.com/photos/35004203@N00/3847338162

P.256 便利商店架上的泡麵——（Source: 李 季霖／CC BY-SA 2.0，裁切調亮處理）https://www.flickr.com/photos/wishmebehappy/13301934984/in/photolist-9tHhf5-9tEjPX-9tEjCa-9UP58z-m8pJaN-mgrTQC-2qpPBnn-2ni1cXK-SipRXW-23Q4rvi-2d3Ghft-23Q4qER-DhvdnS-2dksY39-CT8R6T-AHVbFj-26iUTMs-LUfYHA-2h-JLjS4-ae3ZaT-27WGD6S-28XGtg5

P.257 泡麵一度是營養的象徵，這種神話在 1980 年代後逐漸破滅——（Source: Takeaway／CC BY-SA 3.0，調色處理）

https://en.wikipedia.org/wiki/Instant_noodles#/media/File:Mama_instant_noodle_

block.jpg

牛肉

P.260 牛 排 ——（Source ： mali maeder）https://www.pexels.com/zh-tw/photo/65175/

P.262 早期農家極為依賴牛隻，善待耕牛如家人，圖為 1950 年代農家牽牛在農田中的勞動照。（Source: 授權人：社團法人花蓮縣牛犁社區交流協會，文許靜慧，圖鄭阿玉，國家文化資料庫／CC BY 3.0 TW +）https://cmsdb.culture.tw/object/E7EEA8D9-6102-4632-928B-7107073D0B83#&gid=1&pid=1

P.264 鋤燒，其實就是壽喜燒——（Source ： Huu Huynh）https://www.pexels.com/zh-tw/photo/19775602/

P.265 圖為 1930 年代東京的牛肉火鍋店——（Source: 維基百科／公有領域，無修改）https://ja.m.wikipedia.org/wiki/%E3%83%95%E3%82%A1%E3%82%A4%E3%83%AB:Gyunikuten_choba.png

P.266 醬牛肉——（Source: Kiwi He ／ CC BY-SA 2.0，無修改）https://www.flickr.com/photos/k835136/5575902812/in/photolist-9uHXDo

P.268 沙茶牛肉火鍋，其實就是源自潮汕菜的滋味——（Source: cia ying Yang ／ CC BY 2.0，調色處理）https://www.flickr.com/photos/enixii/4297203954/in/photolist-5XE6yP-7xJi2m-mhSg8-5XDX8Z-5XDY6e-5XJhyJ-5XJdqm-5XJdDw-5XJiRf-5XDWz2-5XJmeu-5XDW2M-5XDVMk-5XJejN-5XJk71-5XE1AM-5XJkny-5XE3mv-5XE5L2-5XJjjC-5XJinw-5XJjRE-5XE4H4-5XJkQY-5XDWgz-5XDWPT-5XJhLS-5XJgN5-5XJg4y-5XJi1s-5XE6ba-5XDZwv-5XE3LM-5XJeyL-5XJh2A-5XJdQd-5XE1oM-5XJfKs-5XE2iV-5XDZhk-5XJeNd-5XJf1L-5XE4ce

P.269 紅燒牛肉麵——（Source: Transferred from zh.wikipedia to Commons by Shizhao using CommonsHelper ／ CC BY-SA 3.0，無修改）https://commons.wikimedia.org/w/index.php?curid=11407942

P.271 牛排淋汁——（Source ： Vui Nguyen）https://www.pexels.com/zh-tw/photo/bo-uc-18752173/

其餘未標示來源圖，皆來自於 Pexels、Pixabay、公有領域

國家圖書館出版品預行編目資料

故事餐酒館：混口飯——一場跨界的食物饗宴 / 故事 StoryStudio 著
一初版一台北市：春光出版；家庭傳媒城邦分公司發行；2025.5
面：公分 . – (Learning：031)
ISBN 978-626-7578-34-6 (平裝)
1.CST: 飲食風俗 2.CST: 文化史 3.CST: 食物
538.7 114003391

ISBN 978-626-7578-34-6

Printed in Taiwan.

城邦讀書花園
www.cite.com.tw

Learning 031

故事餐酒館：混口飯——一場跨界的食物饗宴

作　　者／故事StoryStudio
整合各篇文章之作者／陳恬緣、吳宜蓉、神奇海獅、O'爸爸、陳韋聿 Emery、小松俊、廖品硯、塞呷Sai-Jia阿吸、胡川安、石明謹、卓皓右、周品華、林聖峰、shain 子墨、艾德嘉、涂欣凱等。
企畫選書人／張世國
責 任 編 輯／張世國

發　行　人／何飛鵬
總　編　輯／王雪莉
業 務 協 理／范光杰
行銷企劃主任／陳姿億
資深版權專員／許儀盈
版權行政暨數位業務專員／陳玉鈴
法 律 顧 問／元禾法律事務所　王子文律師
出版／春光出版
台北市南港區昆陽街16 號 4 樓
電話：(02)25007008　傳真：(02)25027676
網址：www.ffoundation.com.tw
e-mail：ffoundation@cite.com.tw
發行／英屬蓋曼群島商家庭傳媒股份有限公司城邦分公司
台北市南港區昆陽街 16 號 8 樓
書虫客服服務專線：(02)25007718・(02)25007719
24 小時傳眞服務：(02)25170999・(02)25001991
服務時間：週一至週五09:30-12:00・13:30-17:00
郵撥帳號：19863813　戶名：書虫股份有限公司
讀者服務信箱 E-mail：service@readingclub.com.tw
歡迎光臨城邦讀書花園 網址：www.cite.com.tw
香港發行所／城邦（香港）出版集團有限公司
香港灣仔駱克道 193 號東超商業中心 1 樓
電話：(852) 2508-6231 傳眞：(852) 2578-9337
馬新發行所／城邦（馬新）出版集團
【Cite(M)Sdn. Bhd.】
41, Jalan Radin Anum, Bandar Baru Sri Petaling,
57000 Kuala Lumpur, Malaysia.
電話：(603) 90563833　傳眞：(603) 90576622
E-mail：services@cite.my

封面版型設計／Snow Vega
內文版型排版設計／Blaze Wu
印　　刷／高典印刷有限公司
■2025 年4月24日初版一刷

售價／550元

廣 告 回 函
北區郵政管理登記證
臺北廣字第000791號
郵資已付，免貼郵票

115 臺北市南港區昆陽街 16 號 8 樓

英屬蓋曼群島商家庭傳媒股份有限公司
城邦分公司

請沿虛線對折，謝謝！

愛情 · 生活 · 心靈
閱讀春光，生命從此神采飛揚

春光出版

書號： OS2031　　書名： 故事餐酒館：混口飯——一場跨界的食物饗宴

請於此處用膠水黏貼

讀者回函卡

謝謝您購買我們出版的書籍！請費心填寫此回函卡，我們將不定期寄上城邦集團最新的出版訊息。亦可掃描 QR CODE，填寫電子版回函卡

姓名：________________________________

性別：☐男　☐女

生日：西元____________年______________月________________日

地址：____

聯絡電話：_____________________　傳真：_____________________

E-mail：____

職業：☐ 1. 學生 ☐ 2. 軍公教 ☐ 3. 服務 ☐ 4. 金融 ☐ 5. 製造 ☐ 6. 資訊

☐ 7. 傳播 ☐ 8. 自由業 ☐ 9. 農漁牧 ☐ 10. 家管 ☐ 11. 退休

☐ 12. 其他 ____

您從何種方式得知本書消息？

☐ 1. 書店 ☐ 2. 網路 ☐ 3. 報紙 ☐ 4. 雜誌 ☐ 5. 廣播 ☐ 6. 電視

☐ 7. 親友推薦 ☐ 8. 其他 ________________________________

您通常以何種方式購書？

☐ 1. 書店 ☐ 2. 網路 ☐ 3. 傳真訂購 ☐ 4. 郵局劃撥 ☐ 5. 其他 _____

您喜歡閱讀哪些類別的書籍？

☐ 1. 財經商業 ☐ 2. 自然科學 ☐ 3. 歷史 ☐ 4. 法律 ☐ 5. 文學

☐ 6. 休閒旅遊 ☐ 7. 小說 ☐ 8. 人物傳記 ☐ 9. 生活、勵志

☐ 10. 其他 ____

請於此處用膠水黏貼